JN081407

第32版 東京都主任試験ハンドブック

都政新報社

はしがき

　いつの時代も「組織は人なり」といわれます。時代の変化とともに都政を取り巻く状況が厳しくなり、この言葉の意味が改めて問われているのではないでしょうか。

　東京都庁に限らず、様々な組織でその命運を握るのは、組織活動を支える職員一人ひとりの力量です。都政においても事務の効率化や少数精鋭が求められ、具体的に課題を把握し、その解決策を的確かつスピード感を持って自ら導き出せる知識や能力を有する職員の存在は欠かせません。主任とは、日常業務を通じた様々な課題に的確に対応できる者として、能力実証された実務の中枢を担う職員です。

　また、主任級職選考は、人事任用制度の入り口として、その後の課長代理級、管理職昇任へのいわば登竜門です。

　2021年度（令和3年度）の主任級職選考の合格者は、種別A・Bを合わせて1,110人でした。合格率はAⅠ類で32.3％、AⅡ類で26.8％、Bで52.4％、全体では32.5％です。決して簡単な選考ではありませんが、日々の職務をきちんとこなし、計画的に準備を積み重ねれば、誰にでも合格チャンスのある選考です。

　本書は都政新報に連載した「主任試験講座」を再編集してまとめたものです。忙しい方にとっても、効率的・効果的に勉強を進めるための道しるべとして活用できるように工夫しました。弊社で発行している地方自治法、地方公務員法、行政法の『実戦150題』シリーズや、1日10分の『買いたい新書』シリーズなども、あわせてご活用いただければ幸いです。

2022年6月

㈱都政新報社　出版部

はしがき

第1章 主任選考制度の概要

第2章 択一式 教養問題A

第**3**章　論文攻略法

主任選考制度の概要

第1節 主任試験の内容と勉強法

主任とは

　すでに主任を目指している皆さんには「何を今さら」ということかもしれませんが、ここで改めて主任とは何か、整理したいと思います。

　「主任制度」は、昭和61年度に導入されました。人事制度上、特に高度な知識または経験を必要とする係員の職となっています。具体的には、他の部署との折衝や調整、組織内外における円滑なコミュニケーションの確保、後輩職員の指導などを通じ、監督職を補佐することが主任の職責といえます。また、各職場における中核を担う職員として不可欠な存在であり、職員一人ひとりの資質・能力のさらなる向上が求められています。

　そして、任用制度の登竜門です。課長代理選考や管理職選考は、主任にならないと、その受験資格がありません。将来、監督職や管理職として都政運営に携わっていきたいと考えている皆さんには、どうしても越えなければならない第一の関門です。

　主任級職選考に合格するためには、基礎的法令や都政に関する知識を持ち、自らの視点で課題を抽出して分析し、解決策を考え、論理的に記述する表現力など、広範囲の知識と能力が要求されます。これらは、主任級職員として仕事をしていく上で必要不可欠な力となります。したがって、主任級職選考に向けた対策を単なる「試験勉強」として捉えるのではなく、これを契機に都職員としてのキャリアアップを図るという前向きな姿勢で取り組むことが合格の道へとつながります。

対策のポイント

　仕事をしながら限られた時間の中で、効率的に対策を進めるためには、次

の点が重要となってきます。

1　相手（筆記考査）を知ること

　「敵を知り、己を知れば百戦危うからず」というように、まず主任級職選考の筆記考査では、どのような問題が実際に出題され、どのような傾向があるのかを知ることが大切です。こうした事前準備をおろそかにしたままの人が結構います。

　効率的な対策を進めるには、過去問題の分析が必要不可欠です。過去数年分の問題を科目別に見ていくと、よく出題される分野や難易度が見えてきます。これにより、各科目の感触がつかめるとともに、今後の対策やスケジュールを立てる際に役立ててください。

2　スケジュールを立て、勉強する習慣を身に着ける

　勉強を始めるということは、多くの人にとって、なかなか気の進まないことだと思います。特に学生時代の試験勉強とは異なり、仕事をしながら勉強をするということは、想像以上に大変な取り組みです。なるべく早い時期から対策に取りかかり、少しずつでも良いので、勉強する習慣を身に着けることが大切です。生活リズムを早期に身に着けることができれば、受験対策の半分は達成したといっても過言ではありません。休日に自宅でじっくりと取り組むのが向いている人、毎朝、出勤前に少しずつ勉強する人、自宅より図書館やカフェで勉強する方が集中できる人など、人によって勉強しやすい環境は異なります。また、担当している職務の繁忙期等も違います。ある程度、余裕を持ったスケジュールを立て、各科目に要する時間を意識しながら試験に挑みましょう。

3　強い気持ちを持つ

　主任級職選考に挑戦する以上は、今回で合格するという強い信念と断固たる決意を持って取り組むことが重要です。思うように勉強が進まなかったりすると、仕事も忙しいことから諦めに近い気持ちが生まれることもあります。しかし、今年が忙しければ、来年もまた同じように忙しいのではないでしょうか。大変な受験勉強をもう1年繰り返すことを思えば、今年1年頑張って何としても合格するという心構えで主任級職選考に向き合うべきです。「絶対に、今回で合格します」と上司や職場に宣言し、甘くなりがちな自分

自身の退路を断つ、という方法も有効です。そうすることで、周囲の理解や応援を得られるとともに、自らのモチベーションの維持にもつながります。有言実行、強い気持ちを内外に示して取り組んでみてください。

4　勉強仲間をつくる

　人間は、誰しも自らには甘くなりがちであり、ひとりで計画的に勉強を進めることはなかなか難しいものです。仕事の忙しさから勉強が遅れたり、やる気がなくなったり、家のことなどでなかなか勉強に時間を割けないことがあるかもしれません。また、そうしたことから、様々な焦りや不安に襲われたりもすることもあります。

　そのようなときに、同僚として、そしてライバルとして切磋琢磨しながら励まし合うことができる仲間などがいると、精神的にプラスになり、勉強意欲も湧いてきます。お互いに出題予想を立てたり、情報交換をするなど、大いに役立ちます。

　対策を進めていく上では、問題集を解きながら、適宜、解説や根拠にあたるという手法が基本となりますが、根本的な理解を深め、知識の定着を図るという意味では、「調べる」「教える」という方法が効果的です。そのために、例えば、勉強仲間で科目等の分担を決めて、お互いに出題・解説し合うなどの勉強会を実施することはお勧めの対策法の一つです。

5　常に問題意識を持って仕事に取り組むこと

　そして最後に、常に問題意識を持ちながら仕事に取り組んでいくことです。程度の差こそあれ、主任級職選考の問題は必ず都政に関わっています。職務を遂行する上で、その事務の根拠は何か、なぜこのような事務が必要なのか、国や社会経済の動向が自分の仕事にどう関わってくるのかなど、常に考えをめぐらせていることが大変重要です。このような日々の問題意識の持ち方は、択一式の教養問題はもちろん、都政や職場運営に関する見解を問う論文においても必ず役に立ってきます。

　当然のことですが、仕事をおろそかにして、勉強に没頭するなどということは、もってのほかと言えます。このことは、制度の名称が主任「試験」ではなく主任級職「選考」であるということや、合否が日頃の勤務態度などを含めた総合評価で決まることからも、明らかです。都職員として仕事を進め

ていく過程のその先に主任級職選考があることを決して忘れないでください。

択一式問題

平成18年度の制度改正により、Ⅰ類の教養問題A「択一式」の出題数及び出題分野が変更になりました。問題数が増えた分、分野ごとに幅広く知識を問われることになりますので、しっかり勉強しておく必要があります。ここでは、令和3年度の出題構成を踏まえながら述べます。

主任級職選考の出題構成

■主任AⅠ類（事務）

教養	統計資料の見方	2
	基礎的法令（憲法の基礎知識）	3
	基礎的法令（行政法の基礎知識）	10
	地方自治制度	10
	地方公務員制度	10
	都政実務	13
	都政事情	7
	55題（2時間45分）	
論文	2題出題、1題選択解答（2時間30分） （1）300字以上500字程度 （2）1,200字以上1,500字程度	

■主任AⅡ類

教養	統計資料の見方	2
	基礎的法令（憲法の基礎知識）	－
	基礎的法令（行政法の基礎知識）	－
	地方自治制度	－
	地方公務員制度	8
	都政実務	13
	都政事情	7
	30題（1時間30分）	
論文	2題出題、1題選択解答（2時間30分） （1）300字以上500字程度 （2）1,200字以上1,500字程度	

■主任AⅠ類（土木・建築・機械・電気）

教養A	統計資料の見方	2
	基礎的法令（憲法の基礎知識）	3
	基礎的法令（行政法の基礎知識）	6
	地方自治制度	6
	地方公務員制度	8
	都政実務	13
	都政事情	7
	45題（2時間15分）	
教養B	基礎的専門知識について、 記述式（語句説明・計算問題） 7題出題、3題選択解答（1時間）	
論文	2題出題、1題選択解答（2時間30分） （1）300字以上500字程度 （2）1,200字以上1,500字程度	

【統計資料の見方】

統計に関する知識、定義の理解が必要となります。平成29年度からは資料解釈が廃止され、『職員ハンドブック』第9章統計の範囲から、例年2題の出題となっています。過去問題等から出題形式を分析し、効率的に、解答に必要な知識や計算方法を身に付けていきましょう。対象分野の広い法律科目に比べて「統計資料の見方」の対策は後回しになりがちですが、慣れれば確実な得点源となりえます。着実に勉強を進めましょう。

【基礎的法令】

主任ＡⅠ類のみ、憲法と行政法について出題されます。この分野は知識がものをいいます。コンパクトにまとまった参考書等で知識を整理するとともに、過去問題や問題集を数多くこなしていきましょう。法律科目の全てに共通することですが、学習する際は最新の根拠条文にあたることも大切です。平成29年度からは基礎的法令の知識が重視され、行政法の出題数が7題から10題に増えました。法律科目の勉強が初めてという方は、まず憲法から取り掛かってみましょう。

【地方自治制度】

地方自治制度も主任ＡⅠ類のみの出題です。この分野も正確な知識を身に付けることが重要となりますが、法律の範囲が広いので、はじめに過去問題や問題集を解き、出題の傾向を把握してから、なるべくコンパクトにまとまった参考書等で知識を整理していく方法も有効です。過去問題や問題集を数多くこなすこと、不明な点は根拠条文にあたることが得点への近道となります。その際は、必ず最新の条文にあたるようにしてください。地方自治法は、言うまでもなく地方自治に携わる者としては基本となる法律です。筆記考査対策ということを契機に、理解を深めるようにしましょう。

【地方公務員制度】

主任ＡⅠ類、Ⅱ類ともに出題されます。この分野もやはり知識がものをいいます。直接、条文を参照しながら参考書等で知識を整理し、問題集を解きます。不明な点は他の法律分野と同様に最新の条文にあたることが得点への近道となります。数多く問題をこなすことによって、知識が確実なものとなりますので、問題集については、少なくとも2回、できれば3回は繰り返して解き、

不正解の問題については徹底的に解説や根拠条文にあたるようにしましょう。

【都政実務】

　都政実務は、都職員としての日々の業務に密接に結びついた分野からの出題となります。出題数も多いことから確実な得点源としたいところです。『職員ハンドブック』の熟読が基本となりますが、その他にも必要に応じて、各種の手引等も精読し、数多くの問題演習をしてください。過去問題を解くなどの対策はもちろんのこと、日々の仕事の根拠を改めて確認したり、疑問に感じたことをその都度調べたりするような地道な取り組みが重要となります。なお、平成29年度からは、「人事」「文書」「財務」等の主要分野を中心に、13題程度の出題となっています。

【都政事情】

　都政事情は、試験直前に集中的に取り組むことをお勧めします。都の基本方針や各局の主要事業、計画等については、日頃から新聞や都政新報、「とちょうダイアリー」などに目を通しておくとよいでしょう。その際、全ての内容を正確に理解・記憶することは難しいと思いますので、自分に合った方法で情報収集をしておくと、直前の労力軽減につながると思います。なお、平成29年度からは、7題程度の出題となっています。

論文

　主任AⅠ類の論文試験では、2時間30分で1500～2000字程度の論文を作成します。論文では、問題意識・問題解決力・論理性・表現力等が問われることになります。いきなり合格レベルの論文を書き上げるのは至難の業です。まずは一本書くことを目標にしましょう。完成した論文は、必ず先輩や上司に見てもらい、指導や添削を受けるようにすることが大切です。

　なお、平成29年度から論文の出題形式が変わり、「都政に関する出題」「職場に関する出題」ともに1～4点程度の資料が添付されます。受験者は、資料から課題を抽出・分析した上で具体的な解決策を考え、問題意識や問題解決力、論理的に論述する表現力が問われることになります。

第**2**節 合格体験記

朝活、スキマに繰り返し／主任Ａ　事務

　私は、令和２年度に前倒しで択一試験を受験して択一免除となり、令和３
年度に論文試験を受験して主任試験に合格しました。私の試験対策や試験勉
強のポイントを率直に記載します。

○択一試験について

　択一の勉強は、５月のGWから始め、地方公務員法や地方自治法など出題
数の多い科目は問題集を用意し、他の科目は研修資料や都政新報を参考に問
題を繰り返し解きました。複数回間違えた問題はノートに要点をまとめ、通
勤時間などの隙間時間に眺めることで知識を定着させました。仕事後は疲れ
て集中力に欠けてしまうことから、毎朝５時に起床し、１時間ほど勉強して
いました。

　直前期は、休日の時間を使って過去問を解いたり、研修資料やプレス発表
を基に都政事情を勉強したりしました。問題を解く際は、ただ正解を選ぶだ
けではなく、なぜその選択肢を選ぶのか、過程をきちんと考えることによっ
て、正しい知識を身に付けるようにしました。

　試験勉強のポイントは、問題を繰り返し解くことだと思います。試験は、
過去問と類似の問題が出題されます。どの問題集や研修資料でも良いので、
自分なりの１冊を決めてください。その１冊を繰り返し解き、確実な知識を
定着させることで、良い結果に結びつくと思います。

○論文試験について

　論文の勉強は、仕事が忙しかったこともあり、６月末から休日の時間を使
って開始しました。ある程度論文を用意しておけば、本番でも柔軟に対応で
きることから、迷わず「教養もの」を選択しました。

　初めは、書き方が全く分からず、手が止まってしまう状況であったため、局の合格者論文を一通り読み、論文の型や表現方法を学びました。その後、局研修で提示された課題論文を題材に、合格者論文の表現を参考にしながら、１本目を仕上げました。作成した論文は、所属の課長や管理職候補の方々に添削してもらいました。当初は主語や目的語が抜けていることや、一般的ではない表現を用いていることから内容が分かりづらい等、指摘を頂きました。その中で、添削してもらった点を自分なりに整理し、書き直すことを続けました。最終的に２カ月かけて２～３回の添削を行っていただき、１本の論文を完成させました。

　直前期は、休日を中心に１日１本、時間を計って手書きで論文を作成する練習を行いました。完成した論文は、翌日にも読み返し、自分が納得するまで何度も書き直しました。最後の２週間は、出題されやすいテーマごとに課題や解決策、効果をレジュメ形式でまとめ、本番直前まで読み返しました。

　試験本番は、予想していない課題の設定に大きく戸惑いましたが、なんとか事前に用意していた型に落とし込み、ぎりぎり時間内に書き終えることができました。

　試験勉強のポイントは、論文の型を用意することだと思います。私は合格者論文や添削を参考に、マーカーを引かなくて済むような通知文を目指して、自分なりの型を準備しました。こうすることで、問題文から問題や課題を抽出し、あとは用意していた型に当てはめることによって、予想していない問題が出題されたとしても、ある程度論理的な文章を作り上げることができると思います。

　入都し、初めて迎える関門とも言える主任試験は、不安とプレッシャーからくじけそうになることもあると思います。時に立ち止まり、自らの歩みを見つめ直すこともあると思いますが、それでも前に歩き続けていれば、いつか必ず実を結びます。

　合格が分かった時の安堵感と周囲の方からの温かい祝福、この感動を一人でも多くの方が実感できるよう、皆様の合格を心より祈念しております。

論文は応用力強化がカギ／主任A　事務

　私は、令和3年度に択一試験と論文試験を受験して、主任選考に合格しました。私の対策方法及び試験を通じて感じたことなどを述べたいと思います。

○択一試験について

　論文試験との同時受験であったため、詰め込み型の対策は難しいと考え、4月から勉強を開始しました。過去問を参照し、難易度や必要な勉強時間を把握した上で、出題数の多い法律科目や都政実務から対策を進めていきました。

　択一試験では、過去に出題された問題と類似した出題が多いため、問題集を繰り返し解くことが重要です。私の場合、市販の問題集を購入し、問題を3～4回繰り返し解くことで知識を定着させていきました。2周目以降は、初見で理解できなかった分野や間違えた問題のみ解くことで、効率化を図りました。

　8月以降は、局研修の資料等を活用しながら、都政事情や憲法、統計の対策を行いました。また、この時期には過去問や各局の模試を解き、間違えた問題を中心に復習することで、苦手分野・科目を少しずつ減らしていくようにしました。

　仕事や家庭の状況の変化もあり、夏以降は十分な対策時間を確保できませんでしたが、早目に対策を開始したこともあり、本番は合格点に達することができました。試験対策を開始する前に、年間の業務スケジュール等を把握した上で、余裕を持って勉強を進められたのが良かったのだと思います。

○論文試験について

　対策に要する時間等を考慮して職場ものを選択し、7月から対策を開始しました。はじめに合格者再現論文を読み、合格のレベルを把握するとともに、論文の「型」や使えそうな表現等を覚えていきました。

　次に、局の模擬問題で実際に論文を書き、上司の添削を受けました。指摘された箇所は、自分なりに再度整理し、納得した上で修正することを心掛けました。一つの論文について添削を受け、書き直すプロセスを2～3回繰り返すことで、徐々に書き方のコツや表現力を身に付けていくことができました。

　本番までに用意した準備論文は2本でしたが、その他にも出題可能性が高い論点については、課題—背景—解決策—効果のセットを準備し、覚えるようにしました。

　私は、前年度も論文試験を受け、不合格となっておりますが、その際の経験から、本番で事例や題意を踏まえ、いかに準備した論文を柔軟に変化させることができるかが重要だと実感していました。そのため、今年度の対策では各局の模試等を解き、論文の骨子（レジュメ）を作成し、解答後、的外れな内容ではないか確認するサイクルを数回実施しました。このことが本番での応用力につながったと思います。

　職場ものでは、その職場で「自分が主任だったらどうするか」という視点が問われることになります。日頃から自分の職場や担当業務の問題点を把握し、それらに対する現実的な解決策を考える癖をつけることが、合格への近道になると思います。

　最後に、私が合格できたのは、ご指導いただいた上司や家族の支えがあったからだと思います。周囲の力も借りながら、最後まで諦めずに頑張ってください。皆様の主任試験の合格を心より祈念しております

メリハリをつけやる気維持／主任A　事務

　私は、令和2年度に前倒しで択一試験を受験して択一免除となり、令和3年度に論文試験を受験して主任級職選考に合格となりました。本番に向け、どのように勉強を進めたのか、勉強をする中で何が重要であったか等を中心に私の体験を述べたいと思います。

○択一試験について

　本格的に勉強を始めたのは、4月末だと記憶しています。保育園に通う子どもがいるため、なかなかまとまった時間がとれないと予想し、少し早めに勉強に着手しました。

　土日は祖父母に子どもを見てもらい、勉強時間を確保しました。多くても、土日に各半日程度勉強できれば良い方でしたので、限られた時間の中でいかに効率的に進めるのかが重要でした。

日常業務の中では主に庶務を担当していたため、都政実務はある程度理解できていました。反対に、法律科目は鉛筆を転がした方がマシと思えるくらい苦手にしていたため、法律科目を重点的に勉強しました。択一試験に出題されるほとんどの問題は、過去に出題された問題と非常によく類似しています。したがって、主任試験の過去問や他部署で開催された模試の過去問などを土日の時間を使って繰り返し解き、理解を深めていきました。何度解いても正答できない苦手分野は、ノート等に体系的に要点を整理し、覚えやすいよう工夫しました。

　平日は通勤や昼休み等の隙間時間を活用し、土日に進めた分の復習をするよう心掛けていました。隙間時間だけでも、1日10問分程度は復習できるため、コツコツやることが本当に重要だなと感じました。

○論文試験について

　5月上旬から本番まで、毎週土日に勉強を進めました。論文は、毎日コツコツというわけにはいかないので、平日は全く勉強しませんでした。5〜7月ごろまでは、1日4時間程度、以降は1日6時間程度、勉強に時間を充てていました。最初は、何から始めたら良いのかわからない状態でしたので、とりあえず合格論文を丸々書き写すところから始めました。

　論文試験において重要なことは、自分なりの「型」を完成させることだと思います。「この題であればこの型で書く」と固まっていれば、本番でも論文の構成が容易にできます。「型」といっても文字を一言一句暗記するわけではなく、各要点を押さえるイメージです（例えば、「進行管理」が課題となっていれば、「共有ツールを使った進捗管理表の導入」が解決策であり、そのための「主任としての取り組み」「工夫」「効果」を覚えていくイメージです）。

　「型」を完成させるには、管理職からの添削が必須になります。私の場合、5月末から管理職の添削を受け始めました。一つの論文を何度もたたき完成させるスタイルでしたので、結果的に完成した論文は2本のみでした。添削を受けた際には、極力1週間以内（長くても2週間以内）で返すことを意識し、完成まで（自分が納得するまで）何回も添削を受けました。

　論文試験はハッキリとした正解がないことや、勉強の成果が見えづらいという面から、モチベーションを維持することが難しく、精神的にかなり疲弊

しました。なので、遊ぶときは遊ぶ、休む時は休む、勉強するときは勉強するといったメリハリをつけることが重要なのかなと感じました。

　試験勉強を振り返って、自分一人の力で合格することはできなかったと痛感しています。論文を丁寧に添削していただいた職場の上司、参考書などの情報をくれた先輩や同期、家庭の理解など周囲の力添えがあり、なんとか合格することができました。今後、主任試験を受験する皆さまのご健闘を祈念しております。

最初の添削は早い時期に／主任Ａ　事務

　私は、令和２年度に択一試験を前倒しで免除となり、令和３年度に論文試験を受験して主任級職選考に合格となりました。勉強方法や試験勉強をする中で重要だと思ったこと等をお伝えします。

〇択一試験について

　私はまず、法律系の問題集（101問）を購入し、「地方公務員法」「行政法」「地方自治法」の順に勉強をしました。問題集を２周し終えたものの、あまり身に付いていないと思い、研修資料の問題集を解くことにしました。こちらの問題集は問題の前に分野ごとの概要がまとめられており、それを読んでから問題を解くことで理解が深まりました。「都政実務」も研修資料の問題集を繰り返し行い、できなかったところは職員ハンドブックを確認し、理解を深めました。「統計」は試験数日前に公式を覚えました。

　「都政事情」は９月に入ってから、研修資料や都政新報の出題予想に出ているものをファイルにまとめ、課題・目的・取り組み・出てくる数字（〇〇年までに・〇〇％）にマーカーを引き、毎晩眺めるようにしました。

　問題集を繰り返し解いたおかげで、本番の試験では、ほとんどの問題が見たことがあるという状況でした。択一試験に出題される問題の大半は、過去に出題された問題と非常によく似ているため、繰り返し問題を解くことが大事だなと思いました。

　繁忙部署で平日の勉強時間が確保しにくいため、GW明けから勉強を始めました。平日は帰宅が日をまたがなければ30分勉強をするようにし、土日

は2～3時間カフェ等で勉強をしました。9月に入って本格的な追い込みをはじめ、平日の30分の勉強に加え、土日は6～8時間ほど勉強時間を確保するようにしました。ストレス解消のために趣味の時間も確保し、メリハリをつけながら勉強に取り組みました。

○論文試験について

　最初は、論文の構成や流れをつかむことを意識し、合格者論文をひたすら読みました。

　構成や流れがある程度つかめた段階で1本目の論文を書き始めたのですが、課題の抽出方法や課題解決に向けた取り組みが全然分からず、合格者論文を大いに参考にし、1本目を書き上げ、添削を受けました。添削を1回受けると、どういう論文を書くべきかが分かるので、とにかく1本目の添削を早めに受けることが重要だと思います。

　1本目の添削を受けた後も平日は合格者論文を読み、土日のまとまった時間で、良いと思った文章を参考にレジュメを作成したり、論文を書いたりしました。9月の土日は、実際に時間を測り、手で書く練習をしました。

　勉強のどの段階でも新しい発見があるため、合格者論文を読んで良かったと思いました。ただ、合格者論文も全てが良いとは限らないので要注意です。

　最終的に添削は4回ほど受けたのですが、添削の内容も全て取り入れるのではなく、本番で自分がその内容を書けるかどうかで取捨選択することも大事だと思います。特に、複数の管理職から添削を受け、異なることを言われたときは、自分に合った方を選ぶようにすると良いと思います。

　6月上旬から勉強を始め、平日は20分、土日は2～3時間の勉強時間を確保するようにしていました。平日は合格者論文を読み、参考になりそうなものにマーカーを引いていました。

　以上が私の体験になります。今後受験される方のお役に立つことができれば幸いです。

択一式
教養問題A

第1節 統計資料の見方

　統計資料の見方は、職務を遂行する上で必要となる各種統計資料を正しく理解できるかを問うものです。

　主任選考では、平成29年度に、基礎的な法令知識等、主任級職にふさわしい能力をより一層適切に実証していくといった観点から、出題構成等の見直しが行われました。その一環として、これまで出題されていた「資料解釈」の分野が廃止となり、「第9章　統計」（『職員ハンドブック2021』617ページ以降）の分野から2問の出題となっています。

　総出題数から見ると、全体に占めるウエートは決して高くありませんが、統計学の基本的な知識及び計算方法さえ身に付けていれば確実に得点可能です。また、実務上でも活用できる知識であり、都職員として身に付けておきたい分野でもあります。

　統計資料の見方で確実に得点するためには、正確な知識を身に付けることが必要不可欠です。効率よく勉強し、確実に知識を習得しましょう。

出題傾向

　統計資料の見方に関する出題範囲としては、出題構成等の見直しが行われる以前と変わりありません。『職員ハンドブック2021』「第9章　統計」から、統計上の用語や概念を問う問題が出題されています。難易度はさほど高くなく、計算を伴う場合であっても、簡単な四則演算で求められるものにとどまります。職員ハンドブック記載の内容をしっかり習得すれば、確実に正しい解答をすることができます。

　平成28年度までは、年度別の登録件数の構成比を積み上げグラフから読み取る設問や、商品別販売額の対前年比増加率を折れ線グラフから解釈する設問等が「資料解釈」として出題されていましたが、平成29年度以降は出題されていません。令和4年度も出題されないものと想定されます。直近3

年の出題分野を見てみると、令和元年度は相関係数と中央値、令和２年度は統計の基礎知識と偏差値、令和３年度は基礎知識とラスパイレス式指数が出題され、いずれも基礎的な知識を問う問題が出題されています。

解法のポイント

統計資料の見方は、用語の定義等の統計の基礎知識を身に付けていれば短時間で確実に正解を見つけることができます。『職員ハンドブック』の該当部分を繰り返し読み解くなど、基礎的な知識の習得に努めましょう。

1　定義を理解する

『職員ハンドブック』をもとに、用語の定義を解説していきます。

まずは代表値についてです。代表値は分布を代表する値のことと定義されます。分布上の全変数に関する代表値である「計算による平均」と分布上の位置によって決まる代表値である「位置による平均」の二つがあります。ここでは、三つの用語を紹介します。(1)算術平均…変数の総和をその項数で割って計算される平均値。(2)中央値…集団の値の大きさの順に並べたときの、中央に位置している値。集団の個数が偶数の場合は、中央の２項の中間、すなわち二つの変数を加えて２で割った値。(3)最頻値…分布の峰に対する値。あるいは、統計資料の度数分布で、度数が最も多く現れる値。最頻値を含む階級を、その両端の階級の度数で比例分配する等で求める（『職員ハンドブック2021』630ページ〜）。

次に、分散度についてです。分散度は、平均値だけで集団の特性が十分に表すことができないことを踏まえ、これを補完して集団の特性を十分に表すような特性値のひとつです。ここでは二つの用語を紹介します。(1)分散…データが平均値を中心に、どの程度散らばっているかを示す値であり、平均値に対する偏差の二乗和（平方和）の平均で定義されます。データの散らばりが大きいと分散も大きくなり、散らばりが小さいと分散はゼロに近づきます。(2)標準偏差…分散と同様に、データが平均値を中心にどの程度散らばっているかを示す値です。分散の平方根で定義されます。データの散らばり

が大きいと標準偏差も大きくなる性質も分散と同様です。標準偏差を求めるためには、まずは分散を計算する必要があります（『職員ハンドブック2021』632ページ〜）。

　次に、統計比についてです。統計比は、集団内・集団間の比率や増減の割合などを表す比率であり、ここでは五つの用語を紹介します。(1)構成比…全体に占める個々の内訳（通常は百分率）で表されます。(2)変化率…一般に期間の始め（期首）の値に対する期間中の増減数の割合（百分率）で表します。(3)寄与度…各項目の変化が全体をどの程度の割合で変化させたかを示すものであり、総数の期首の値に占める内訳項目の変化数の割合（百分率）で表します。したがって、各項目の寄与度の合計は、総数の変化率に等しくなります。(4)寄与率…各項目の変化が、全体にどの程度の影響を与えたかを百分率で表します。したがって、各項目の寄与率を合計すると100になります。(5)指数…同一現象の時間的な変化または場所的な変化を、ある時点または場所を基準（100）として相対的に示すものです（『職員ハンドブック2021』634ページ〜）。

　最後に回帰分析です。ある変数xを原因（独立変数）、yを結果（従属変数）とする関係があるときに、両変数間の量的関係を $y = f(x)$ という回帰方程式で表すことを回帰分析といいます。両変数間の量的関係が、最も簡単な1次方程式 $y = a + bx$ で示される場合、係数a、bを回帰母数と呼び、特に、bを回帰係数といいます。また、独立変数が一つの回帰分析を単回帰分析といい、独立変数が二つ以上の回帰分析を重回帰分析といいます（『職員ハンドブック2021』638ページ〜）。

　これらのような用語の定義を確実に理解すると同時に、日頃から表やグラフに見慣れておくことも対策の一つです。新聞、雑誌、書籍など、普段の生活や仕事でグラフに触れる機会があれば、身に付けた統計知識を意識して資料を読むことを心がけてみましょう。

2　計算方法を覚える

　計算問題が出題された場合でも、統計の基礎知識を理解していれば問題ありません。設問の表の中のどの数字を使用すれば正しい答えを導き出せるのかを見極めれば回答を導くことができます。『職員ハンドブック』に代表的

な計算例が記載されていますので、計算が苦手な方は、一度計算式をなぞる
などして、計算方法を覚えるようにしましょう。計算自体は、難しいもので
はないので、余白部分を使って計算をすれば時間内に十分に答えを算出でき
ます。

　『職員ハンドブック』に記載されている設問に加えて問題演習を行いたい
人は、Σ（シグマ）を使った計算（分散や標準偏差、ラスパイレス式・パー
シェ式指数を求める場合などに活用する）方法について、市販の参考書等を
元に勉強されることをお勧めします。

問題 1　統計に関する記述として、妥当なのはどれか。

1　全数調査は、母集団の一部を抽出し全体を推定しようとする調査であ
り、その集団に関する標識について、地域的にも詳細な統計を作成するこ
とが可能である。
2　一次統計は、何らかの調査を行うことによって集められた情報から作成
される統計で、業務統計と加工統計に分けられる。
3　指数とは、同一現象の時間的な変化または場所的な変化を、ある時点ま
たは場所を基準として相対的に示すものである。
4　相関指数は、変数間の関係の方向と強さを示す尺度で、0から100まで
の値をとる。
5　価格と数量を把握するには、通常大規模な調査を必要とするが、パーシ
ェ式は基準時点で一度これらの調査をすれば、以降は価格だけ調査すれば
済む。

解説 1

1　**誤り。**全数調査は、調査対象全体（母集団）を網羅的に調査する統計調
査である。
2　**誤り。**一次統計は、一般に統計調査の結果から直接得られる統計で、調
査統計と業務統計に分けられる。問題文中の加工統計は、二次統計である。
3　**正しい。**

4 **誤り。**前半は正しいが、相関係数は、マイナス1からプラス1までの値をとる。

5 **誤り。**本肢の記述は、ラスパイレス式の説明である。パーシェ式は、比較時の数量を固定して算出する。

正答 3

問題2 ある高校で物理のテストを行ったところ、平均点が64点、標準偏差は7点であった。学生Aの点数が78点であったとき、学生Aの偏差値はいくつか。

1 45

2 55

3 60

4 65

5 70

解説2

標準偏差はデータが平均値を中心にどの程度散らばっているのかを示す値である。

偏差値(T)は、各人の試験の点数をx、平均点をy、標準偏差をzとすると、$T = 50 + 10 \times (x - y) / z$という計算式で求めることができる。問題文中の数値をあてはめると、$T = 50 + 10 \times (78 - 64) / 7 = 70$となり、5が正答となる。

正答 5

> **問題3** 　次の表は、あるクラスの生徒が同一のテストを行った時の得点を、学生別に一覧にしたものである。中央値として、正しいのはどれか。

<中央値>

区　分	得点（点）
学生A	36
学生B	36
学生C	50
学生D	68
学生E	78
学生F	98
計	366

1　31
2　52
3　59
4　61
5　72

> **解説3**

　中央値とは、集団の値を大きさの順に並べたときに、中央に位置している値を言う。集団の個数が偶数の場合は、中央の2項の中間、すなわち二つの変数を加えて2で割った値が中央値となる。

　問題文中の表をもとに中央値を求めると、学生6人を得点順にならべたときに、中間に位置する3位と4位の学生の点数を足して、2で割ったものが中央値になる。すなわち、$(50 + 68) \div 2 = 59$となり、3が正答となる。

　なお、中央値とは別に、分布の峰に対する値（データの中で最も頻度が高い値）を最頻値という。本問題の表でいえば、36点を取った学生が2人おり、それ以外に同じ点数を取った学生はいないため、最頻値は36となる。中央値の定義とあわせて、覚えておくようにしましょう。

正答　3

問題4 次の表は、ある商店の商品Aと商品Bについて、各年の購入量と価格を示したものである。このとき、2020年の価格の総合指数を、2005年を基準とするラスパイレス式により求めた結果として、正しいのはどれか。

<総合指数>

区　分	商品A		商品B	
	購入量（個）	価格（円／個）	購入量（個）	価格（円／個）
2005 年	40	50	20	300
2010 年	30	50	30	250
2015 年	20	150	40	200
2020 年	10	200	50	100

1　52
2　78
3　96
4　125
5　148

解説4

　本設問で問われている「ラスパイレス式」では、総合指数は、「比較時の価格×基準時の数量／基準時の価格×基準時の数量×100」という計算式で求めることができる。問題文中の数値をあてはめると、(200 × 40) + (100 × 20) ／ (50 × 40) + (300 × 20) × 100 = 125 となり、4 が正答となる。

正答　4

憲法

　憲法は国の最高法規であり、その習得は試験科目であるか否かにかかわらず、公務員として職務を行っていく上で必須であることは言うまでもありません。平成19年5月に「日本国憲法の改正手続きに関する法律」(いわゆる「国民投票法」) が公布され、平成22年5月に施行されました。憲法改正の是非に対する見解が様々な有識者から出されるなど、憲法に対する社会的な関心も広がりつつあります。

　今回、主任級職選考のために学んでいくことは、今後の職務に生かせるだけでなく、社会のトピックスとして注目されている内容ですので、出題数は決して多くはないですが、ぜひ腰を据えて勉強してください。

　まず、基本的人権の分野は、問題集などの勉強を通じて、憲法の本質的な考え方を理解すれば、本番の試験でも正答に結びつきやすくなります。また、統治機構の分野では、細かい事項まで問われることが多いので、憲法の条文をある程度暗記することで得点につながると考えられます。

出題傾向

　出題数が3問になった平成15年度以降では、条文や用語の意味を正確に知らないと正誤の判定ができない選択肢が多くなっています。しかし、憲法の考え方をおさえて勉強すれば、条文等を暗記していなくても正答にたどりつくことができます。

　過去10年間の出題は次のとおりです。

〔平成24年度〕　①天皇及び皇室の経済
　　　　　　　　②衆議院の解散
　　　　　　　　③法の下の平等

29

〔平成25年度〕　①表現の自由

　　　　　　　　②内閣の権能

　　　　　　　　③租税法律主義

〔平成26年度〕　①経済的自由権

　　　　　　　　②司法権の独立

　　　　　　　　③内閣総理大臣の地位及び権能

〔平成27年度〕　①信教の自由

　　　　　　　　②社会権

　　　　　　　　③衆議院の優越

〔平成28年度〕　①思想及び良心の自由

　　　　　　　　②職業選択の自由

　　　　　　　　③衆議院の解散

〔平成29年度〕　①法の下の平等

　　　　　　　　②請願権

　　　　　　　　③租税法律主義

〔平成30年度〕　①表現の自由

　　　　　　　　②違憲審査権

　　　　　　　　③経済的自由権

〔令和元年度〕　①人身の自由

　　　　　　　　②生存権

　　　　　　　　③内閣及び内閣総理大臣

〔令和2年度〕　①職業選択の自由

　　　　　　　　②財産権

　　　　　　　　③司法権の独立

〔令和3年度〕　①社会権

　　　　　　　　②内閣の権能

　　　　　　　　③裁判官の身分保障

問題 1　　日本国憲法に規定する国会についての記述として正しいのは、次のどれか。

1　国会単独立法の原則により、国会への法律の発案権は全て両議院の議員に専属し、法律を執行する内閣はこれを有していない。

2　国会中心立法の原則により、全ての法律は国会の議決のみで成立し、他のいかなる関与も必要としない。

3　衆議院の実質的解散権は内閣のみが有しており、衆議院が内閣を信任している場合でも解散権を行使できる。

4　両議院は全て合成機関としての国会の権能のみを有し、各議院が単独で行使する権能は有していない。

5　国会は国の唯一の立法機関であるから、行政部による立法は特に法律の委任に基づく委任命令のみが認められている。

解説 1

1　**誤り**。憲法第72条「…内閣総理大臣は内閣を代表して議案を国会に提出し…」の議案の中に法律案も当然に含まれている。

2　**誤り**。憲法第95条の地方自治特別法の制定の場合は、国会の議決のほかに当該地方公共団体の住民投票による過半数の賛成が必要。

3　**正しい**。衆議院の形式的解散権は天皇にあるが（憲法第７条第３号）、実質的解散権は内閣にある。衆議院の信任を得ていても解散権の行使は可能である。

4　**誤り**。国政調査権（憲法第62条）は両議院に固有の権能である。内閣の不信任決議権（憲法第69条）は衆議院に固有の権能である。

5　**誤り**。憲法は内閣がいわゆる委任命令のほかに憲法及び法律の規定を実施するための命令すなわち執行命令を政令の形式で定めることを予定している（憲法第73条第６号）。執行命令と委任命令の差異は、後者には罰則を設けることができるという点にある。

正答　3

　日本国憲法に規定する参議院の緊急集会に関する記述として妥当なのは、次のどれか。

1　緊急集会を求める権能は、参議院の独立を確保するため参議院議長に属し、また緊急集会の会期は延長することができる。

2　緊急集会を求める権能は、その性質において国会の召集と同じであるため天皇に属し、また緊急集会の会期は20日間である。

3　緊急集会は、参議院議員の通常選挙の日から10日以内に召集されなければならず、次の国会開会と同時に閉会となる。

4　緊急集会において採られた措置は、臨時のものであり、次の国会開会の後10日以内に衆議院の同意がないときはその効力を失う。

5　緊急集会において採られた措置は、内閣総理大臣の承認を得た場合には、常会において採られた措置と同等の効力を有する。

解説2

1　**誤り**。緊急集会を求めることができるのは、内閣だけであり、参議院議員にはその権能はない。緊急集会は国会の召集とも異なるので、天皇の詔書の形式により参集するものではない。内閣が緊急集会を求めるには、閣議の決定に基づいて（内閣法第4条）、内閣総理大臣から集会の期日を定め、案件を示して、参議院議長にこれを請求しなければならない（国会法第99条第1項）。緊急に国会の議決を要すると判断した内閣の求めによって集会が開かれるのであるから、この集会には会期の定めはない。緊急案件が全て議決されたとき、議長は、緊急集会が終わったことを宣言することにより、集会が終了する（国会法第102条の2（終会の宣言））。したがって会期の延長はない。

2　**誤り**。憲法第54条第2項「衆議院が解散されたときは、参議院は同時に閉会となる。但し、内閣は、国に緊急の必要があるときは、参議院の緊急集会を求めることができる」とある。このことからも、緊急集会を求める権能は内閣にある。なお、天皇の国事行為は不必要とされている。

3　**誤り**。参議院の緊急集会は、衆議院の解散から新しい国会の召集までの最長70日間の緊急事態に対処するために設けられた。

4　**正しい。**

5　**誤り。**緊急集会でとられた措置は、あくまで臨時的なものであり、暫定的な効力を有するにとどまる。その効力が将来的に確定するためには、次の国会開会後、10日以内に、衆議院の同意を得なければならない（憲法第54条第3項）。衆議院の同意を求める手続きは、緊急集会を求めた内閣が行うものとする（国会法第102条の4）。衆議院の同意が得られないとき、右の措置は、将来に向かって効力を失う（憲法第54条第3項）。

正答　4

問題3　　日本国憲法に規定する国会議員の特権に関する記述として妥当なのは、次のどれか。

1　国会議員は、国会の会期前に逮捕された場合、会期中に限ってはその議院の要求の有無にかかわらず釈放されなければならない。

2　国会議員は、法律の定めるところにより相当額の歳費を受けることができるが、その職務の性質上、実費支弁的な手当を受けることはできない。

3　国会議員は、議院で行った討論、表決について院外で責任を問われることはなく、この免責特権は刑事責任に関してのみ認められる。

4　国会議員は、院外における現行犯罪の場合または国会の会期中であっても、その議院の許諾がある場合には、不逮捕特権が認められない。

5　国会議員は、議院で行った演説、討論について院外で責任を問われることはなく、またこの免責特権は政府委員、公述人や参考人にも適用される。

解説3

1　**誤り。**憲法第50条は、会期前に逮捕された議員について、議院の要求がある場合にのみ会期中の釈放を規定している。

2　**誤り。**議員は、法律の定めるところにより、国庫から相当額の歳費を受ける権利を持つ（憲法第49条）。歳費は議員の勤務に対する報酬を意味する。憲法は歳費のみについて規定しているが、議員活動に必要な他の名目の給付を禁止しているとは解されない。「国会議員の歳費、旅費及び手当等に関する法律」により、旅費、通信費等の実費弁償的な手当が支給され

33

ている。

3 **誤り。**院外の責任とは、刑事上のみならず民事上の責任も含み、院自身
によって議員としての行動に懲罰が加えられることは免責特権と別の問題
である（憲法第51条）。

4 **正しい。**憲法第50条は法律によって不逮捕特権に特例を設けることを
認めている。これを受けて、国会法第33条は「院外における「現行犯罪
の場合」と「院の許諾がある場合」を例外としている。

5 **誤り。**免責特権は国会議員以外の政府特別補佐人（国会法第69条第2
項）と政府参考人（衆議院規則第45条の2及び3）、公述人や参考人には
認められていない。なお、議員の免責を受ける行為は、議員として職務上
行ったものでなければならないので、野次や私語は免責されない。

正答　4

問題4　日本国憲法に規定する内閣の総辞職に関する記述として妥当な
のは、次のどれか。

1 内閣は、内閣総理大臣が国会議員の任期満了により国会議員としての地
位を失ったとき、または内閣総理大臣が在任中訴追されたときは、総辞職
をしなければならない。

2 内閣は、内閣総理大臣を除く国務大臣の過半数が国会議員でなくなった
とき、または国務大臣のうち1人でも文民でなくなったときは、総辞職を
しなければならない。

3 内閣は、内閣総理大臣が議院での懲罰により除名されて国会議員として
の地位を失ったとき、または内閣総理大臣が死亡したときは、総辞職をし
なければならない。

4 内閣は、衆議院において内閣不信任決議案が可決されたとき、または内
閣総理大臣を除く国務大臣の過半数が辞職したときは、総辞職をしなけれ
ばならない。

5 内閣は、衆議院において予算が否決されたとき、または衆議院の解散に
よる衆議院議員総選挙の後に初めて国会の召集があったときは、総辞職を
しなければならない。

解説 4

1　**誤り。**内閣総理大臣が、在任中訴追されたとしても、それだけで、国会議員の地位を失うものではないから、総辞職をする必要はない。

2　**誤り。**このような事態になったときは、国会議員でない国務大臣を罷免しまたは文民でなくなった国務大臣を罷免して、要件に合致するように後任の国務大臣を任命すれば足りる。

3　**正しい。**

4　**誤り。**衆議院で不信任決議案が可決されるときであっても、内閣は、衆議院を解散するかまたは総辞職するかのいずれかの選択をすることになる（憲法第69条）。また、国務大臣の過半数が辞職した場合は、新たに任命すれば良いだけであって、直接総辞職の理由にはならない。

5　**誤り。**内閣提出の重要法律案や予算を否決しても憲法第69条にいう不信任決議には該当せず同条に定める法的効果は生じない。いずれにしても即総辞職という効果は出てこない。

正答　3

問題 5

外国人の人権に関する次の記述のうち、判例に照らし、妥当なのはどれか。

1　わが国に在留する外国人に対して、政治活動の自由についても、わが国の政治的意思決定またはその実施に影響を及ぼす活動等外国人の地位にかんがみこれを認めることが相当でないと解されるものを除き、その保障が及ぶ。

2　わが国に在留する外国人は、憲法上、外国へ一時旅行する自由を保障されている。

3　国会議員の選挙権を有する者を日本国民に限っている公職選挙法の規定は、憲法第14条第1項及び第15条に違反して無効である。

4　社会保障上の施策において在留外国人をどのように処遇するかについて、障害福祉年金の給付に関し、自国民を在留外国人に優先させることとして在留外国人を支給対象者から除くことは、憲法第14条第1項及び第25条の規定に違反する。

35

5　憲法第3章の諸規定は、同表題が「国民の権利及び義務」とされていることから、外国人には適用されない。

1　**正しい**。マクリーン事件である（最大判昭53.10.4）。
2　**誤り**。わが国に在留する外国人は憲法上、外国へ一時旅行する自由を保障されていない（最判平4.11.16）。
3　**誤り**。国会議員の選挙権を有する者を日本国民に限っている公職選挙法の規定は、憲法第14条第1項及び第15条に違反しない（最判平5.2.26）。
4　**誤り**。社会保障上の施策において在留外国人をどのように処遇するかについて、障害福祉年金の給付に関し、自国民を在留外国人より優先的に扱うことも許される（最判平元.3.2）。
5　**誤り**。憲法第3章の諸規定は、原則として外国人にも適用される（最大判昭53.10.4）。

正答　1

問題6　憲法に定める幸福追求権に関する記述として、妥当なのはどれか。

1　最高裁判所は、前科照会事件において、前科及び犯罪経歴は人の名誉、信用に直接にかかわる事項とはいえず、前科及び犯罪経歴のある者は、これをみだりに公開されないという法律上の保護に値する利益を有さないと判示した。
2　最高裁判所は、京都府学連事件において、何人も、その承諾なしに、みだりに容ぼう・姿態を撮影されないという自由は、これを肖像権と称するかは別として憲法上の権利ではないと判示した。
3　最高裁判所は、北方ジャーナル事件において、名誉を人格的価値について社会から受ける客観的評価であるとし、名誉を違法に侵害された者は、人格権としての名誉権に基づいて、侵害行為の差し止めを求めることができると判示した。
4　自己決定権とは、自己の個人的な事柄について公権力から干渉されるこ

となく自ら決定することができる権利のことをいうが、この権利が憲法上の権利であることを、学説のみならず最高裁判所も明確に認めている。

5　幸福追求権は、個別的基本権を包括する基本権であり、個人の人格的生存に不可欠な利益を内容とする権利に限らず、服装の自由、趣味の自由を含む広く一般的行為の自由を保障する権利であると解するのが通説である。

解説6

1　**誤り**。判例は、前科及び犯罪経歴は、人の名誉、信用に直接にかかわる事項であるから、前科及び犯罪経歴のある者は、これをみだりに公開されないという法律上の保護に値する利益を有すると判示している（最判昭56.4.14）。

2　**誤り**。最高裁判所は、何人も、その承諾なしに、みだりに容ぼう・姿態を撮影されないという自由は、これを肖像権と称するかは別として、少なくとも、警察官が、正当な理由もないのに、個人の容ぼう等を撮影することは、憲法第13条の趣旨に反し、許されないと判示している（最大判昭44.12.24）。

3　**正しい**（最大判昭61.6.11）。

4　**誤り**。前半は正しいが、後半が誤り。例えば最高裁判所は、「患者が、輸血を受けることは自己の宗教上の信念に反するとして、輸血を伴う医療行為を拒否するとの明確な意思を有している場合、このような意思決定をする権利は、人格権の一内容として尊重されなければならない」（最判平12.2.29）と判示しているが、自己決定権が憲法上の権利であることを明確に認めてはいない。

5　**誤り**。幸福追求権は、個別的基本権を包括する基本権であり、個人の人格的生存に不可欠な利益を内容とする権利であると解するのが通説である。したがって、服装の自由、趣味の自由を含む広く一般的行為の自由を保障する権利ではない。

正答　3

問題7 日本国憲法に規定する思想及び良心の自由に関する記述として、最高裁判所の判例に照らして妥当なのはどれか。

1 税理士法で強制加入とされる税理士会が政治資金規正法上の政治団体に寄付をすることは、税理士会の目的の範囲外の行為であり、様々な思想、信条を持つ会員から特定の政治団体への寄付を目的として、特別会費を徴収する旨の総会決議は無効であるとした。

2 長野方式における教員の勤務評定について、各教員に学習指導及び勤務態度などに関する自己観察の記入を求めたことは、記入者の人生観、教育観の表明を命じたものであり、内心的自由を侵害するものであるとした。

3 高等学校受検の際の内申書における政治集会への参加など外部的行為の記載は、受験生の思想、信条を記載したものであり、受験生の思想、信条自体を高等学校の入学者選抜の資料に供したものであると解されるので、違憲であるとした。

4 企業が採用に当たって、志願者の思想やそれに関連する事項を調査すること及び特定の思想、信条の持主の採用をその故を以て拒否することは、違憲であるとした。

5 謝罪広告を判決で強制することは、単に事態の真相を告白し陳謝の意を表明するにとどまる程度のものであっても、個人の有する倫理的な意思や良心の自由を侵害するものであるとした。

解説7

1 **正しい。**南九州税理士会事件の判例である（最判平8.3.19）。

2 **誤り。**長野方式における教員の勤務評定について、各教員に学習指導および勤務態度などに関する自己観察の記入を求めたことは、記入者の人生観、教育観の表明を命じたものではなく、内心的自由を侵害するものではないとした（最判昭47.11.30）。

3 **誤り。**判例は、高等学校受検の際の内申書における政治集会への参加など外部的行為の記載は、受験生の思想、信条そのものを記載したものではなく、受験生の思想、信条自体を高等学校の入学者選抜の資料に供したものとは解することはできないとした（最判昭63.7.15）。

4 **誤り**。判例は、企業が採用に当たって、志願者の思想やそれに関連する事項を調査すること及び特定の思想、信条の持主の採用をその故をもって拒否することは、違法ではないとした（最判昭48.12.12）。

5 **誤り**。判例は、謝罪広告を判決で強制することは、単に事態の真相を告白し陳謝の意を表明するにとどまる程度のものであれば、個人の有する倫理的な意思や良心の自由を侵害するものではないとした（最大判昭31.7.4）。

正答 1

問題8 日本国憲法に規定する財産権に関する記述として、最高裁判所の判例、通説に照らして、妥当なのはどれか。

1 財産権とは、全ての財産的価値を有する権利を意味するものではなく、所有権その他の物権、債権のほか、著作権、意匠権などの無体財産権をいい、漁業権、鉱業権などの特別法上の権利は財産権には含まれない。

2 財産権の保障とは、個々の国民が現に有している個別的、具体的な財産権の保障を意味するものではなく、個人が財産権を享有することができる法制度すなわち私有財産制を保障したものとされている。

3 最高裁判所の判例では、条例をもって、ため池の堤とうに竹木若しくは農作物を植え、または建物その他の工作物を設置する行為を禁止することは、財産権を法律ではなく条例で制限することになるので、財産権の内容は法律で定めるとする憲法の規定に違反するとした。

4 最高裁判所の判例では、財産上の犠牲が単に一般的に当然に受忍すべきものとされる制限の範囲を超え、特別の犠牲を課したものである場合であっても、法令に損失補償に関する規定がない場合は、直接憲法を根拠にして補償請求をすることはできないので、損失補償を請求する余地はないとした。

5 財産権の制約の根拠としての「公共の福祉」は、自由国家的な消極的な公共の福祉のみならず、社会国家的な積極的・政策的な公共の福祉の意味をもつものとして解釈され、財産権は積極目的規制にも服するものとされる。

1 **誤り**。通説は、財産権とは全ての財産的価値を有する権利を意味すると解し、所有権その他の物権、債権のほか、著作権、意匠権などの無体財産権だけでなく、漁業権、鉱業権などの特別法上の権利も財産権に含まれるとする。

2 **誤り**。判例は、憲法第29条第1項の財産権の保障とは、私有財産制度を保障しているのみでなく、社会的、経済的活動の基礎をなす国民の個々の財産権につき、これを基本的人権として保障しているとする（最大判昭62.4.22）。通説も同様である。

3 **誤り**。最高裁判所の判例では、条例をもって、ため池の堤とうに竹木若しくは農作物を植え、または建物その他の工作物を設置する行為を禁止することも、憲法の規定に違反しないとした（最大判昭38.6.26）。

4 **誤り**。最高裁判所の判例では、財産上の犠牲が単に一般的に当然に受忍すべきものとされる制限の範囲を超え、特別の犠牲を課したものである場合には、法令に損失補償に関する規定がない場合でも、直接憲法29条3項を根拠にして補償請求をする余地が全くないわけではないとした（最大判昭43.11.27）。

5 **正しい**。通説の解釈である。

正答　5

問題 **9**　日本国憲法に規定する人身の自由に関する記述として、最高裁判所の判例に照らして、妥当なのはどれか。

1 憲法の定める法定手続きの保障は、直接には刑事手続きに関するものであるが、行政手続きについても、行政作用に対する人権保障という観点から、当然にこの保障が及ぶため、行政処分を行う場合には、その相手方に事前の告知、弁解、防御の機会を必ず与えなければならない。

2 刑事被告人が迅速な裁判を受ける権利を保障する憲法の規定は、審理の著しい遅延の結果、迅速な裁判を受ける被告人の権利が害せられたと認められる異常な事態が生じた場合には、当該被告人に対する手続きの続行を許さず、その審理を打ち切るという非常救済手段がとられるべきことをも

認めている趣旨の規定である。

3 旧関税法は、犯罪に関係ある船舶、貨物等が被告人以外の第三者の所有に属する場合にもこれを没収する旨を規定しており、この規定によって第三者に対し、告知、弁解、防御の機会を与えることなく、その所有物を没収することは、適正な法律手続きによるものであり、法定手続きの保障を定めた憲法に違反しない。

4 刑罰法規があいまい不明確のゆえに憲法の定める法定手続きの保障に違反するかどうかは、通常の判断能力を有する一般人の理解において、具体的場合にその適用を受けるものかどうかの判断を可能ならしめるような基準が読みとれるかどうかによって決定すべきであり、公安条例の交通秩序を維持することという規定は、犯罪構成要件の内容をなすものとして不明確なため、違憲である。

5 黙秘権に関する憲法の規定は、何人も自己が刑事上の責任を問われるおそれのある事項について供述を強要されないことを保障したものと解すべきであり、旧道路交通取締法施行令が、交通事故発生の場合において操縦者に事故の内容の報告義務を課しているのは、その報告が自己に不利益な供述の強要に当たるため、憲法に違反する。

解説9

1 **誤り。**憲法第31条の定める法定手続きの保障は、直接には刑事手続きに関するものであるが、行政手続きについては、それが刑事手続きではないとの理由のみで、その全てが当然に同条による保障の枠外にあると判断することは相当ではないとするものであり、当然にこの保障が及ぶとするものではない。また、同条による保障が及ぶと解すべき場合であっても、行政手続きは、行政目的に応じて多種多様であるから、行政処分の相手方に事前の告知、弁解、防御の機会を与えるかどうかは、行政処分により制限を受ける権利利益の内容、性質、制限の程度等を総合較量して決定されるべきものであって、常に必ずそのような機会を与えることを必要とするものではない（最大判平4.7.1）。

2 **正しい。**高田事件の判例である（最大判昭47.12.20）。

3 **誤り。**告知、弁解、防御の機会を与えることなく、その所有物を没収す

ることは、適正な法律手続きによらないで、財産権を侵害する制裁を科するものであり、法定手続きの保障を定めた憲法に違反するとする（最大判昭37.11.28）。

4　**誤り。**公安条例の「交通秩序を維持すること」という規定は、その意味を一般人がさほど困難なく判断することができるから、憲法第31条に違反するとはいえないとする（最大判昭50.9.10）。

5　**誤り。**旧道路交通取締法施行令が、交通事故発生の場合において操縦者に事故の内容の報告義務を課しているのは、警察官が交通事故に対する処理をなすにつき、必要な限度においてのみであって、それ以上に、刑事責任を問われるおそれのある事故の原因その他の事項までも含まれず、自己に不利益な供述の強要に当たらないから、憲法第38条第1項に違反しないとする（最大判昭37.5.2）。

正答　2

平成18年度以降、行政法は都職員に特に必要な基礎知識として出題数が大幅に増加しました。苦手意識を持つ人もいると思いますが、業務を進める上で行政法の知識は役立ちます。前向きに取り組みましょう。出題分野が比較的絞られ、効率的に学習することで得点源となります。

近年、いくつかの法令改正が行われ、新たな最高裁判所の判例も出ているので、条文や参考書、問題集等を活用する場合は、これらの内容が反映されているかを確認してください。

出題傾向と勉強法

過去の主任試験における出題分野は45ページの表のとおりです。

傾向として行政行為、その他の行政行為、行政上の強制措置、行政上の不服申し立て、行政事件訴訟からの出題が多く、条文や基礎的知識を理解していれば対応できます。重要な事項は繰り返し出題されることが多いので、学習をすれば確実に得点源になる分野といえます。

平成29年度からは、Ⅰ類事務では55問中10問、Ⅰ類技術では45問中6問の出題となりました。基本書を熟読することも行政法を理解するうえでは重要ですが、試験対策という観点では、まずは実際に過去問を解いてみて、分からなかったところを基本書で確認するといった学習方法をお勧めします。一度問題を解いた後は必ず解説を精読し、不明確な点は条文や基本書でしっかり確認しておきましょう。全ての選択肢について、なぜ正解なのか、誤りなのかを検証することで実力がつきます。誤った選択肢をマーキングして繰り返すことで知識の定着も図ることができ、直前の再確認にも役立つと思います。

参考図書

　問題集を何冊もこなす必要はありません。1冊の問題集を繰り返し解いた方が確実に知識が身に着きます。1度目は普通に解き、間違えたところにラインを引いておき、2度目は間違えたところだけ解き、それでも答えられなかったところに、違う色のマーカーを引き、3回目は2回間違えたところだけ確認する、といった方法で知識を吸収できれば合格レベルに達するでしょう。

　以下に代表的な問題集・参考書を例示します。書店で手にとり、自分の学習スタイルに合うものを選んでください。なお、問題数は100問以上のものであれば十分です。

○**問題集**
『行政法実戦150題〈第6次改訂版〉』都政新報社
『行政法101問〈第3次改訂版〉』学陽書房
○**参考書**
『行政法〈第6版〉』櫻井敬子・橋本博之著、弘文堂

分野	年度	19	20	21	22	23	24	25	26	27	28	29	30	R1	R2	R3
行政法の基本構造	行政法の法源	○		○	○				○		○					
行政組織	行政機関の種類	○		○			○		○		○			○		○
	行政庁の権限の委任、代理、専決				○								○			
行政立法	行政立法		○				○		○		○			○		○
行政手続・情報公開	申請に対する処分の手続		○			○			○		○					
	不利益処分の手続															
	情報公開							○			○					
行政行為	行政行為の効力		○					○		○					○	
	行政行為の種類											○				
	行政行為の学問上の分類			○												
	無効な行政行為等			○						○						
	行政行為の瑕疵	○						○				○				○
	行政行為の取消しと撤回		○				○		○							
	行政行為の附款		○				○				○			○		
	行政裁量											○				○
	裁量行為															
その他の行政行為	行政計画	○			○			○				○			○	
	行政契約		○				○		○					○	○	
	行政指導				○			○		○			○			○
	行政手続法											○	○			
行政上の強制措置・制裁措置	行政上の代執行				○			○		○		○				
	即時強制		○					○							○	
	行政罰	○	○			○			○		○					
	行政上の強制執行と行政罰															
行政処分等に関する補償	公権力の行使に基づく損害賠償		○			○			○		○					○
	公の営造物の設置又は管理の瑕疵に基づく損害賠償			○						○		○				
	損失補償	○					○				○		○			
行政上の不服申立て	行政不服審査法に定める不服申立て			○	○					○	○					
	行政不服審査法に定める教示	○		○			○				○			○		○
	行政不服審査法に定める裁決															
	行政事件訴訟法に定める執行停止	○					○				○				○	
	行政不服審査法に定める異議申立て															
行政事件訴訟	行政事件訴訟の種類			○				○						○	○	
	行政事件訴訟法に定める抗告訴訟		○			○				○		○		○		○
	行政事件訴訟法に定める取消訴訟				○			○					○		○	

法律による行政の原理に関する記述として、妥当なのは次のどれか。

1 法律による行政の原理には、積極的側面と消極的側面とがあるといわれ、前者は法律の優位の原則であり、後者は法律の留保の原則と呼ばれている。

2 法律の優位の原則は、権力的行政活動についてのみ適用される原則である。

3 法律の留保の原則とは、行政主体の行う一切の措置は法律に違反するものであってはならず、また行政上の措置によって法律を改廃、変更することはできないという原則である。

4 法律の留保の原則については争いがあり、人民に不利益となる権力活動を行う場合にのみ法律の根拠を必要とする侵害留保説が多数説である。

5 侵害留保説のほかに、社会留保説や全部留保説があるが、全部留保説のメリットは、弾力的な行政活動をより可能とする点にある。

解説 1

1 **誤り。**積極的側面＝法律の留保の原則、消極的側面＝法律の優位の原則である。

2 **誤り。**法律の優位の原則は、権力的行政活動のみならず、非権力的行政活動にも適用される。

3 **誤り。**これは法律の優位の原則の説明である。

4 **正しい。**

5 **誤り。**いずれも法律の留保の範囲を拡大する説であるが、全部留保説は、非権力的な行政作用も含めて、公行政全体を法律の留保のもとにおこうとするもので、行政活動を硬直化させるものとの批判がある。

正答　4

問題 2 上級行政庁の下級行政庁に対する指揮監督に関する記述として、妥当なのはどれか。

1 許認可とは、上級行政庁が下級行政庁に対して、その権限の行使につき

事前に許可、認可等を求めさせ、これに基づいて承認を与える権限であり、下級行政庁はこれを拒否されたときは、争訟の手続きによって争うことができる。

2　訓令とは、上級行政庁が下級行政の権限行使を指揮する権限であり、上級行政庁は下級行政庁の所掌事務に関して、下級行政庁に訓令を発することができ、下級行政庁の訓令違反の行為は、当然に違法な行為となる。

3　指揮監督は、上下の関係にある行政庁間において意思統一のため採られる手段であり、下級行政庁の権限行使の合法性については及ぶが、合目的性については及ばない。

4　監視とは、上級行政庁が下級行政庁の権限行使の実情を把握するために、行政事務の処理を視察し、報告を求める権限であるが、下級行政庁の事務を実地に検閲することはできない。

5　権限争議の決定とは、下級行政庁相互間の主管権限について争いがある場合に、上級行政庁がこれを決定する権限であり、主任の大臣の間での権限についての疑義は、内閣総理大臣が閣議にかけて裁定する。

解説2

1　**誤り**。許認可とは、下級庁の事務遂行につき事前に上級庁の許認可を要求するものである。許認可は、法規裁量行為であるため、裁量権の踰越濫用がある場合以外には、原則として司法審査の対象にならない。

2　**誤り**。訓令のほか、通達、要綱、告示などは行政規則に含まれる。行政規則は行政機関の定める一般的な定めで、法規の性格を有しない。このため、下級庁の訓令違反の行政行為は職務上の義務違反にとどまり、当然違法な行為とはならず、行政行為の法的効力に影響を及ぼさない。

3　**誤り**。指揮監督権は、行政主体の意思の分裂を避けることが目的であるため、下級行政庁の権限行使の合法性について及ぶことに加え、当然、合目的性についても及ぶ。

4　**誤り**。監視とは、上級機関が下級機関の執務を視察するのみならず、事務を実地に検閲し、報告を求める権限であり、法律に明文の規定がなくても認められると解されている。

5　**正しい**（内閣法第7条）。

正答　5

問題3　行政法学上の行政庁の権限の委任または代理に関する記述として、妥当なのはどれか。
1　権限の委任は、法令の定める権限の一部を移動させることになるので、法律の根拠なしにはできない。
2　権限の委任は、当事者の一方が法律行為を為すことを相手方に委託するものであり、代理権の付与を伴う。
3　権限の委任では、下級機関でない者に委任を行った場合、法律に別段の規定がなくても、委任機関は受任機関に対する指揮監督権を有する。
4　権限の代理は、行政機関の権限の全部または一部を他の行政機関が代わって行うもので、代理機関が自己の権限として行使するものである。
5　権限の代理では、民法における顕名主義を採用していないので、代理機関は被代理機関の代理者であることを明示する必要はない。

解説3

1　**正しい**。権限の委任は、法律上の処分権限を変更するものとして、法律上の根拠が必要である。
2　**誤り**。行政法上の委任は、民法とは異なり、代理権の付与を伴わない。このため、委任と代理は明確に区別される。
3　**誤り**。委任では、受任機関が自己の権限として、自己の名と責任において行使し、責任を負う（抗告訴訟を提起する場合は、受任機関を被告としなければならず、委任機関を被告とすることはできない〈最判昭54.7.20〉）。ただし、上級機関が下級機関に委任した場合は、委任機関としてではなく、上級機関としての指揮監督権は残る。
4　**誤り**。権限は移動していないため、自己の権限の行使ではない。
5　**誤り**。代理機関は代理である旨表示して権限を行使する。法的効果は、被代理機関に帰属するとともに、代理機関に対する指揮監督権が発生する。

正答　1

問題 4

行政立法に関する記述として、妥当なのはどれか。

1 政令は、憲法において憲法及び法律の規定を実施するために制定されることが規定されており、政令には、法律の委任なくして罰則を設けることができる。

2 通達は、上級行政機関の下級行政機関に対する命令であり、行政組織の内部で効力をもつにすぎず、国民を直接拘束するものではない。

3 法規命令は、その根拠となる法律と一体とはいえないことから当該法律が失効しても、法規命令が失効することはない。

4 法規命令は、権限ある行政庁が適法な手続きでこれを定めて署名することによって、直ちに効力が発生する。

5 委任命令は、法律の一般的な委任に基づき定めることができるが、執行命令の制定には、法律の個別、具体的な委任が必要である。

解説 4

1 **誤り**。政令には、法律の委任がある場合を除いては、罰則を設けることができない。

2 **正しい**。通達は行政内部で効力をもつにすぎず、法規命令としての性質を有さない。そのため、通達を根拠として直接国民を拘束することはできない。

3 **誤り**。法規命令が有効に成立するためには、その根拠となる法律が有効に成立していなければならない。よって、当該法律が失効すれば、法規命令も執行する。

4 **誤り**。法律と同様に法規命令についても、公布が行われて初めて対外的な効力が発生する。

5 **誤り**。委任命令と執行命令の記述が逆である。委任命令については、一般的委任は認められず、個々の法律による具体的な委任が必要とされる。執行命令は、一般的な委任に基づき定めることができる。

正答 2

行政法学上の法規命令に関する記述として、妥当なのはどれか。

1 法規命令は、上級の法令の委任に基づき制定されるものであるので、政令及び省令は法規命令に含まれるが、上級の法令を持たない会計検査院規則及び人事院規則は、法規命令に含まれない。

2 法規命令は、当該法規命令と抵触する上級の命令が新たに制定されたときは、当該法規命令は、これと抵触する限度において違法となるが、当然にはその効力を失うことがない。

3 法規命令が有効に成立し、対外的な拘束力を有するためには、当該法規命令は、その主体、内容手続き及び形式の全ての点について法の定める要件に適合し、かつ、公布及び施行されなければならない。

4 執行命令は、上級の法令の執行を目的とし、上級の法令で既に設定されている義務の具体的細目事項を定めるだけでなく、国民に対し新たな義務を課すことを定めることができる。

5 委任命令は、法律その他の上級の命令の特別の委任に基づいて、新たに権利・義務を創設する命令であるが、いかなる場合であっても、委任命令に罰則を設けることができない。

解説 5

1 **誤り。** 会計検査院や人事院等の独立機関が、その権限に属する事項について発する会計検査院規則や人事院規則も法規命令に含まれる。

2 **誤り。** 当該命令に抵触する上級の命令が新たに制定されたとき、これと抵触する限り当該法規命令は無効となる。

3 **正しい。**

4 **誤り。** 執行命令は、国民の権利義務の内容を実現する手続きを定めるものであり、国民に対し新たな義務を課すことを定めるものではない。

5 **誤り。** 具体的な法律の授権、すなわち法律自体に個別的・具体的な構成要件を明らかにすることなどにより、委任命令に罰則を設けることができる（憲法第73条第6号ただし書）。

正答 3

問題6 行政機関の保有する情報の公開に関する法律（情報公開法）に関する記述として、妥当なのはどれか。

1 開示請求の対象となる行政文書とは、行政機関の職員が職務上作成し、または取得し、決裁、供覧の手続きを経たものとされている。

2 開示請求の対象となる行政文書とは、文書の形で存在するものに限られ、電磁的記録は除外されている。

3 情報公開制度の目的は、政府が主権者たる国民に行政運営を説明する責務を全うするためであるとともに、国民の知る権利を実現するためであると法律に明記されている。

4 開示請求に対し、当該開示請求に係る行政文書が存在しているか否かを答えるだけで、不開示情報を開示することとなるときは、行政機関の長は、当該行政文書の存否を明らかにしないで、当該開示請求を拒否することができる。

5 行政機関の長に対し、当該行政機関の保有する行政文書の開示を請求することができるのは、日本国民に限られている。

解説6

1 **誤り。**対象は、行政機関の職員が職務上作成し、または取得した文書、図画及び電磁的記録であり、当該行政機関の職員が組織的に用いるものとして保有しているものである。決裁、供覧の手続きの有無は問わず、施行日前文書も対象となる（情報公開法第2条第2項）。

2 **誤り。**電磁的記録も対象である（情報公開法第2条第2項）。

3 **誤り。**情報公開法の目的は、行政文書の開示を請求する権利につき定めることなどにより、行政機関の保有する情報の一層の公開を図り、それにより政府の活動を国民に説明する責務が全うされるようにするとともに、国民の的確な理解と批判の下にある公正で民主的な行政の推進に資することである。「国民の知る権利の実現」については明記されていない（情報公開法第1条）。

4 **正しい。**当該情報の有無を示すだけで、不開示情報として保護すべき利益が害される文書については、文書の存否を明らかにしないまま、開示請

求を拒否することができる（情報公開法第8条）。

5　**誤り**。何人も開示請求が可能である。国籍や居住地等の制約はない（情報公開法第3条）。なお、請求時に、氏名、住所、文書を特定するに足りる事項を明らかにする必要がある（情報公開法第4条）。

正答　4

問題7　行政行為の学問上の分類に関する記述として、妥当なのはどれか。

1　特許とは、国民が本来有しない権利や権利能力を設定する行政行為であり、例として、特許法に基づく特約があげられる。

2　許可とは、既に法令や行政行為によって課せられた一般的禁止を、特定の場合に特定人に解除する行政行為であり、例として、外国人の帰化の許可があげられる。

3　認可とは、私人間で締結された契約などの法律行為を補充して、その法律上の効果を完成させる行政行為であり、認可を必要とする法律行為が認可を受けないで行われた場合は無効となる。

4　公証とは、特定の事実または法律関係の存否について公の権威をもって判断する行政行為であり、例として、公職選挙法に基づく選挙における当選人の決定があげられる。

5　下命とは、国民に一定の作為を命じる行政行為であり、下命に違反して行われた行為は、行政上の強制執行の対象となることはなく、行政罰の対象とされる。

解説7

1　**誤り**。特許法に基づく特許は「確認」に分類される。

2　**誤り**。前半は正しいが、後半の外国人の帰化の許可は「特許」に分類される。

3　**正しい**。「認可」の例としては、農地の譲渡における農業委員会の許可、公共料金の認可などがある。

4　**誤り**。設問の行政行為は「確認」である。

5 **誤り**。命令的行為の義務違反に対しては、違反状態を是正するために、強制執行がなされたり、行政罰が科されるのが通常である。

正答　3

> **問題8**　行政法学上の公物に関する記述として、判例、通説に照らして妥当なのはどれか。

1　公用物が、公物として成立するためには、特定物が一定の設備を整え、かつ、行政主体が事実上その物の使用を開始するだけでは足りず、行政主体がその物を公用物として使用に供する旨の意思的行為を必要とする。

2　公物とは、その所有権の帰属主体を問わず、公の目的に供用されるものをいい、私人が、その私有地を道路用または公園用その他公の目的に提供し、管理している場合であっても、その私有地は公物とみなされる。

3　公物は、一定の条件の下に取得時効の対象となるが、公物について、黙示の公用廃止があったと認められるだけでは、その公物についての取得時効の成立は認められない。

4　行政主体が、私人に対して、公物の一時使用を許可することは公物管理権に基づく作用であり、公物の継続的・独占的使用権を付与することは公物警察権に基づく作用である。

5　公物管理権は、公物本来の機能である公用または公共用に供するという目的を達成させるために行政主体が有する包括的権能であり、所有権、地上権などの公物についての権原それ自体とは別個の権能である。

> **解説8**

1　**誤り**。公用物の成立には、行政主体の意思的行為（公用開始行為）を必要としない。

2　**誤り**。公物とは、行政主体が直接、公の目的に供用する個々の有体物をいい、何らかの権原（法律上の正当な根拠）があれば所有権が国または公共団体に帰属しているか否かを問わない。したがって他有（私有）公物も存在する。しかし、私人が管理している場合は、公物とはいえない。

3　**誤り**。最判昭51.12.24は、黙示的な公用廃止による公物の時効取得を認

めた。

4　**誤り**。公物の使用関係たる許可使用と特許使用に関する説明である。

5　**正しい**。

正答　5

問題9　行政指導に関する記述として、行政手続法上、妥当なのはどれか。

1　行政指導は、行政処分ではないため、最高裁判所が行政指導について、取消訴訟の対象となる処分性を認めたことはない。

2　行政指導は、行政機関の裁量により行われる行為であるため、国民からの求めに応じて行われることはない。

3　行政指導は、行政庁による事実上の協力要請といえるが、行政庁が要綱を定めた場合、相手方は行政指導に従う義務を負うこととなる。

4　行政手続法の行政指導に関する規定は、国の行政機関が行う行政指導と同様に、行政運営における公正の確保と透明性の向上を図るため、地方公共団体の機関が行う行政指導にも適用される。

5　法令に違反する行為の是正を求める行政指導を受けた相手方は、当該行政指導が法律に規定する要件に適合しないと考えるときは、行政機関に対し、行政指導の中止その他必要な措置を取ることを求めることができる。

解説9

1　**誤り**。医療法上の病院開設中止勧告について、最高裁は、当該中止勧告は行政指導として定められているが、これに従わない場合は相当程度の確実さをもって、保険医療機関の指定を受けることができなくなるという不利益をもたらすため、処分性を認めると判示した（最判平17.10.25）。

2　**誤り**。法令に違反する事実がある場合、行政機関に対し、それを是正するための処分や行政指導を求めることができる。申し出を受けた行政機関は、調査の結果、必要があると認めるときは、当該処分または行政指導をしなければならない（行政手続法第36条の3）。

3　**誤り**。地方公共団体が行う行政指導については、行政手続法の適用除外

とされている（行政手続法第3条第3項）。

4　**誤り。**行政指導の内容はあくまでも相手方の任意の協力によってのみ実現される（行政手続法第32条）。要綱に基づく行政指導を強制することは許されない。

5　**正しい。**平成27年の法改正により、新たに行政指導の中止等の求めを行えることとなった（行政手続法第36条の2）。

正答　5

問題10　行政代執行法に定める代執行に関する記述として、妥当なのはどれか。

1　代執行は、代替的作為義務を履行しない場合だけでなく、不作為義務を履行しない場合にも行うことができる。

2　代執行は、義務者が命じられた行為を履行しない場合に、行政庁が自ら義務者のなすべき行為を行い、これに要した費用を義務者から徴収する制度であり、代執行を第三者に行わせることはできない。

3　代執行をなすには、相当の履行期限を定め、その期限までに義務の履行がなされないときは、代執行をなすべき旨を戒告することとされているが、この場合、戒告は口頭で行うことができる。

4　代執行の対象は、法律により直接命じられ、または法律に基づき行政庁に命じられた義務に限られ、条例により命じられ、または条例に基づく行政行為によって命じられた義務は対象とならないとされる。

5　代執行に要した費用の徴収について、義務者に対し納付を命じたにもかかわらず、納付がないときは、国税滞納処分の例により徴収することができる。

解説10

1　**誤り。**行政行為によって命じられた義務であっても第三者が本人に代わってすることができない義務（非代替的作為義務や不作為義務）は、代執行の対象となりえない（行政代執行法第2条参照）。

2　**誤り。**行政庁は、代執行を第三者に行わせることもできる（行政代執行

法第2条)。

3 **誤り**。戒告は、あらかじめ文書で行わなければならない(行政代執行法第3条第1項)。なお、非常の場合または危険切迫の場合には、例外的に省略できる場合もある(行政代執行法第3条第3項)。

4 **誤り**。条例により命じられ、または条例に基づく行政行為によって命じられた義務も代執行の対象になると解されている(行政代執行法第2条参照)。

5 **正しい**(行政代執行法第6条第1項)。

正答 5

問題11 行政罰に関する記述として、妥当なのはどれか。

1 行政罰は、法律による一般的な委任規定に基づいて科せられる罰であるが、刑事罰と異なり、罰の対象となる行為が反道義性及び反社会性を有しないことから刑法総則が適用されない。

2 行政罰は、行政刑罰と行政上の秩序罰とに分けられるが、原則として行政刑罰は刑事訴訟法の定める手続きによって科せられ、行政上の秩序罰は非訟事件手続法の定める手続きによって科せられる。

3 行政罰は、行政上の義務違反に対し、特別権力関係における特別権力に基づき制裁として科せられる罰のことであり、その例として住民基本台帳法に定める届け出を怠った者に対する過料があげられる。

4 行政罰は、過失は原則として罰しないこと、法人には犯罪能力を認めないこと及び違反行為者だけでなくその事業主も罰する両罰主義を採用していることを特色としている。

5 行政罰は、過去の行政上の義務違反に対する制裁として科せられるだけでなく、将来にわたり義務の履行を強制することを目的とする行政上の強制執行の手段としても科せられる。

解説11

1 **誤り**。行政罰である行政刑罰については、法令に特別の規定がある場合のほか、原則として刑法総則が適用される。

2 **正しい**。行政刑罰は、刑事訴訟法の定める手続きによって裁判所が科し、行政上の秩序罰は、非訟事件手続き法の定める手続きによって裁判所が科す。

3 **誤り**。行政罰は、行政法上の義務違反に対して、一般統治権に基づき、制裁として科す罰である。特別権力関係における特別権力に基づき、制裁として科せられるのは懲戒罰である。

4 **誤り**。行政犯にあっては、必ずしも犯意を要件とせず、過失をもって足りる。また、一般に法人にも犯罪能力が認められている。

5 **誤り**。将来にわたり行政上の義務の履行を強制することを目的とするのは、強制執行の一種である執行罰である。

正答　2

問題12 行政上の直接強制に関する記述として、妥当なのはどれか。

1 　行政上の直接強制は、その手段として、即時強制と強制徴収の二つが認められている。

2 　行政上の直接強制は、国民の人権に対する重大な侵害を伴うものであるので、必ず司法官憲の発する令状がなければ、これを行うことができない。

3 　行政上の直接強制は、非代替的作為義務の不履行に対してだけでなく、不作為義務の不履行に対しても行うことができる。

4 　行政上の直接強制は、非代替的作為義務の不履行に対して行う場合は、執行罰を科した後でなければこれを行うことができない。

5 　行政上の直接強制は、義務の不履行を前提とせず、目前急迫の必要に基づき直接国民の身体や財産に実力を加え、行政上必要な状態を実現する作用である。

解説12

1 　**誤り**。行政上の直接強制は、代執行、執行罰、強制徴収とともに行政上の強制執行の一手段である。行政強制は、行政上の強制執行と行政上の即時強制とに分けることができる。

2 　**誤り**。行政上の直接強制は、行政上の強制執行の一類型であり、行政庁

は司法手続きを経ることなく、これを行うことができる。

3 **正しい**。行政上の直接強制は、義務の代替性の有無、作為・不作為を問わないでなし得る。

4 **誤り**。旧行政執行法の規定である。同法の廃止により、直接強制を規定する一般法自体がなくなった。

5 **誤り**。行政上の直接強制は、行政上の強制執行の一類型であり、義務の不履行を前提とする。義務の不履行を前提とせず、目前急迫の必要に基づき行われるのは、即時強制である。

正答　3

問題13 損失補償に関する記述として、通説、判例に照らして妥当なのはどれか。

1 損失補償は、特定人の財産権に対する偶発的かつ特別な犠牲に対してだけでなく、国民が一般的に負担すべき財産権の制約に対しても行わなければならない。

2 損失補償は、公用収用の前提要件であり、法律が補償の規定なしに収用できる旨定めた場合、当該法律は無効である。

3 文化財、史跡、名勝の保護、天然の景勝地の保存などを目的とする公用制限は、当該財産権の私的効用を高めるためではなく、国民全体にとって有用な事業のための制約であるので、公平負担の見地から補償の対象となる。

4 公共の用に供するために財産を収用された者は、個別法により補償を請求することとされ、憲法を直接援用して補償を請求することができない。

5 消防活動に当たり、消火に必要なために、延焼のおそれがあると認められる対象物を処分した場合は、その損失を補償しなければならない。

解説13

1 **誤り**。損失補償は、特定人に対する偶発的かつ特別な犠牲と認められるもののみが補償の対象であり、一般的負担は対象とならない。

2 **誤り**。損失補償は、公用収用の前提要件ではない。また、法律に補償の

規定がなくても、直接、憲法に基づく請求をすることが可能であり、直ち
に法律が無効であるとは言えない。

3　**正しい。**

4　**誤り。** 憲法第29条第3項を直接援用して補償を請求できる。

5　**誤り。** 延焼のおそれがないと認められる対象物の処分に対し、補償を定
めている（消防法第29条3項）。延焼のおそれがある建物は、社会的危険
物であり、補償対象とは解されない。

正答　3

問題14　　行政不服審査法に定める不服申し立てに関する記述として、妥
当なのはどれか。

1　行政庁の処分につき審査請求をすることができる場合において、当該処
分に不服がある者は、個別に法律の規定がなくとも、処分庁に対して再調
査の請求をすることができる。

2　審査請求の裁決に不服のある者は、個別の法律に規定がある場合に限り
再審査請求をすることができるが、これは、審査請求の裁決を経た後でな
ければ、することができない。

3　再審査請求は審査請求の裁決に対してのみ行うことができ、審査請求の
対象となった処分そのものに対して行うことはできない。

4　不服申し立ては、異議申し立てを原則とするが、処分庁に上級処分庁が
あるとき、または、法律に特別の定めがあるときは審査請求によらなけれ
ばならない。

5　再調査の請求をしたときは、当該再調査の請求についての決定を経た後
でなければ、いかなる場合も審査請求をすることができない。

解説14

1　**誤り。** 個別の法律に再調査の請求をすることができる旨の定めがなけれ
ば、再調査の請求をすることはできない（行政不服審査法第5条第1項）。

2　**正しい**（行政不服審査法第6条第1項）。

3　**誤り。** 再審査請求は、審査請求の裁決または当該処分そのものを対象と

して、行政庁に対してすることができる（行政不服審査法第6条第2項）。

4 　**誤り**。従前の行政不服審査法では、処分庁に上級処分庁があるときは審査請求、ないときは異議申し立てを行うものとしていたが、改正行政不服審査法において、異議申し立てを廃止し、不服申し立てを原則として「審査請求」に一元化した（行政不服審査法第2条）。

5 　**誤り**。原則として、再調査の請求をしたときは、その決定を経た後でなければ審査請求を行うことはできないが、再調査の請求をした日の翌日から起算して3月を経過しても、処分庁が当該再調査の請求につき決定をしない場合などは、決定を待たずに審査請求をすることができる（行政不服審査法第5条第2項）。

正答　2

問題15　行政不服審査法に定める審査請求に関する記述として、妥当なのはどれか。

1 　行政庁の処分に不服がある者は、処分庁の直近上級行政庁または最上級行政庁のいずれかを選択し、審査請求を行うことができるが、処分庁に上級行政庁がない場合は、当該処分庁が審査請求先となる。

2 　審査庁は審査請求書の記載事項に不備があり補正を命じる場合は、相当の期間を不備の補正期間として定めなければならない。

3 　審査庁となるべき行政庁は、審査請求の到達から裁決までに通常要すべき標準的な期間を定めるよう努めるとともに、これを定めたときは公にする義務を負うが、再調査の請求については、この限りではない。

4 　審査請求は代理人によって行うことができるが、審査請求の取り下げは代理人によって行うことはできない。

5 　多人数が共同して審査請求をするときは、3人を超えない総代を互選することができるが、総代が複数選任された場合は、審査請求人に対する通知はその全ての総代に対して行わなければならない。

解説15

1 　**誤り**。審査請求先は、処分庁に上級処分庁がある場合は、原則として当

該処分庁の最上級行政庁である（行政不服審査法第4条）。後段は正しい。

2 **正しい**（行政不服審査法第23条）。

3 **誤り**。前段は正しい。後段が誤り。再調査の請求についても、標準審理期間を定めるように努めるとともに、定めたときは、公にしなければならない（行政不服審査法第61条）。

4 **誤り**。審査請求の取り下げについても特別な委任を受けた代理人であれば可能である（行政不服審査法第12条）。

5 **誤り**。総代が複数選任された場合であっても、そのうちの1人に通知すれば足りる（行政不服審査法第11条第5項）。

正答　2

【問題16】 行政不服審査法における教示制度に関する記述として妥当なのは次のどれか。

1 行政庁は、教示の義務があるにもかかわらず、教示を行わなかった行政処分については、不服のある者から不服申立書が提出されると否とを問わず、その処分を撤回しなければならない。

2 行政庁は、行政処分のうち不服申し立てをすることができない処分を書面で行う場合、処分の相手方に対し、その処分が不服申し立てをすることができない旨の教示を行わなければならない。

3 行政不服審査法の教示制度は、当該法律に規定される不服申し立てのみならず、他の法律に基づく不服申し立てにも適用される。

4 行政庁は、行政処分について教示を行わなければならない場合、不服申し立ての相手方となる行政庁を教示する必要があるが、不服申し立てをすることができる期間については、教示する必要はない。

5 行政庁は、利害関係人から行政処分について教示の請求を受けた場合、その者が処分の直接の相手方ではないことを理由として、教示を拒否することができる。

【解説16】

1 **誤り**。行政庁が教示義務を怠った場合、不服申立書を提出できるが、当

該処分そのものは違法無効とならない。

2 **誤り**。書面による処分であっても、不服申し立てをすることができない処分については、不服申し立ての可否やその手続きを教示しなくてよい。

3 **正しい**（行政不服審査法第82条第1項）。

4 **誤り**。教示すべき内容には、不服申し立てが可能な期間も含まれる（行政不服審査法第82条第1項）。

5 **誤り**。処分の直接の相手方でなくても、利害関係人から請求のあった場合、行政庁に教示義務がある。

正答　3

問題17　行政事件訴訟法に規定する行政事件訴訟に関する記述として、判例、通説に照らして妥当なのはどれか。

1 当事者訴訟とは、当事者間の法律関係を確認しまたは形成する処分または裁決に関する訴訟で法令の規定によりその法律関係の当事者の一方を被告とするもの及び公法上の法律関係に関する訴訟であり、私権の主張を訴訟物とする。

2 機関訴訟とは、国または公共団体の機関相互間における権限の存否またはその行使に関する紛争についての訴訟であり、法律に特別の定めがある場合に限り、これらの機関が提起することができる。

3 民衆訴訟とは、国または公共団体の機関の法規に適合しない行為の是正を求める訴訟であり、選挙人たる資格、かつ、自己の法律上の利益にかかわる資格で提起するものである。

4 争点訴訟とは、私法上の法律関係に関する訴訟で、その前提として、処分若しくは裁決の存否またはその効力の有無が争われるものであり、行政事件訴訟の一つである。

5 抗告訴訟とは、行政庁の公権力の行使に関する不服の訴訟であり、その形態は、処分の取り消しの訴え、裁決の取り消しの訴え及び無効等確認の訴えの三つに限定されている。

解説17

1　**誤り。** 私権の主張を訴訟物とするのは民事訴訟であり、当事者訴訟は、公権の主張を訴訟物とする。

2　**正しい。**

3　**誤り。** 民衆訴訟は、選挙人たる資格その他自己の法律上の利益にかかわらない資格で提起する訴訟である（行政事件訴訟法第５条）。

4　**誤り。** 争点訴訟は、行政事件訴訟法の若干の規定をその審理に準用しているが、行政事件訴訟には位置づけていない。

5　**誤り。** 抗告訴訟には、「不作為の違法確認の訴え」「義務付けの訴え」「差し止めの訴え」もある（行政事件訴訟法第３条）。

正答　２

問題18
行政事件訴訟法に定める執行停止及び内閣総理大臣の異議に関する記述として、妥当なのはどれか。

1　裁判所は、執行停止の決定が確定した後に、その理由が消滅した場合には、執行停止の決定を受けた行政庁からの申し立てがなくても、職権で執行停止の決定を取り消すことができる。

2　執行停止の申し立ては、行政処分の執行により生じる回復困難な損害を避けるため、緊急の必要があるときに、当該処分に関し利害関係を有する者であれば、処分の取り消しの訴えの原告でなくても、裁判所に対して行うことができる。

3　裁判所による執行停止の決定は、取消訴訟の当事者である行政庁を拘束するだけでなく、第三者に対しても効力を有する。

4　内閣総理大臣が異議を述べたときは、次の常会において国会に報告し、承認を求めなければならず、国会の承認がない場合は、その異議は効力を失う。

5　内閣総理大臣は、裁判所に執行停止の申し立てがなされた場合、裁判所が執行停止の決定を行う前であれば異議を述べることができるが、裁判所が執行停止の決定をした後に異議を述べることはできない。

第２章　択一式 教養問題Ａ

1 **誤り**。執行停止の決定が確定した後に、その理由が消滅し、その他事情が変更したときは、裁判所は相手方の申し立てにより、決定をもって、執行停止の決定を取り消すことができる（行政事件訴訟法第26条第1項）。

2 **誤り**。執行停止の申し立ては、処分の取り消しの訴えの原告が行う。

3 **正しい**。執行停止の決定は、第三者に対しても効力を有する（行政事件訴訟法第32条第2項）。

4 **誤り**。内閣総理大臣が異議を述べたときは、次の常会において国会にこれを報告すれば足りる。承認を得る必要はない（行政事件訴訟法第27条第6項）。

5 **誤り**。内閣総理大臣は、裁判所に対し、執行停止の決定があった後においても異議を述べることができる（行政事件訴訟法第27条第1項）。

正答　3

問題19　　行政事件訴訟法における抗告訴訟に関する記述として、妥当なのは次のどれか。

1 抗告訴訟では、訴外の第三者にその権利や利益を守る機会を与えるため、その第三者の申し立てによる訴訟参加は認められているが、処分をした行政庁以外の行政庁の訴訟参加は認められていない。

2 抗告訴訟では、処分があった後にその処分をした行政庁の権限が他の行政庁に承継されたときは、そのいずれの行政庁をも被告として訴えの提訴をすることができる。

3 抗告訴訟では、処分の取消判決が確定するとその処分の効力は遡及的に消滅し、この判決は原告だけでなく訴外の第三者に対しても効力を有する。

4 抗告訴訟の審理では、迅速かつ公正妥当な解決を期するため、職権主義が採られており、当事者の弁論を通じて行われる弁論主義が補充的な方法として用いられている。

5 抗告訴訟の対象には、法律行為的行政行為及び準法律行為的行政行為が含まれるが、公権力の行使に当たる事実行為は含まれない。

解説19

1 **誤り**。処分をした行政庁以外の行政庁による訴訟参加も認められる（行政事件訴訟法第23条）。

2 **誤り**。処分があった後に、その処分をした行政庁の権限が他の行政庁に承継された場合は、権限が承継された行政庁の所属する国または公共団体（行政事件訴訟法第11条）、また、権限が承継された行政庁が国または公共団体に所属しない場合は、権限が承継された行政庁を被告としなければならない（行政事件訴訟法第11条第2項）。

3 **正しい**（行政事件訴訟法第32条第1項）。

4 **誤り**。現行制度では、当事者主義の原則の下で、必要に応じて職権主義が採用されているものであり、いわゆる職権探知主義（当事者が主張しない事実についても裁判所が職権で調査する制度）を採用したものではない。

5 **誤り**。公権力の行使に当たる事実行為は、抗告訴訟の対象に含まれる。

正答　3

問題20　取消訴訟の判決の効力に関する記述として、妥当なのはどれか。

1 取消訴訟で、手続き上の違法を理由として認容判決があった場合には、初めから当該処分が行われなかったのと同様の状態が確定されるため、行政側は、改めて適法な手続きに従って処分をやり直すことはできない。

2 取消訴訟で認容判決があった場合には、その判決には形成力が認められ、その効力は、被告行政庁には及ぶが第三者には及ばない。

3 取消訴訟で認容判決があった場合には、その判決には拘束力が認められ、その効力は、当該事件について、当事者たる被告行政庁には及ぶがその他の関係行政庁には及ばない。

4 取消訴訟で棄却判決があった場合には、処分庁が自ら当該処分の違法を認め、職権でこれを取り消すことはできない。

5 取消訴訟で棄却判決があった場合には、当該処分が適法であることが確定されるため、原告が他の違法事由を主張して再び当該処分の取り消しを請求したり、国家賠償請求訴訟を提起することはできない。

1 **誤り**。行政側は、あらためて適法な手続きに従って処分をやり直さなくてはならない（行政事件訴訟法第33条第2項・3項）。

2 **誤り**。処分または裁決を取り消す判決は、第三者に対しても効力を有する（行政事件訴訟法第32条）。

3 **誤り**（行政事件訴訟法第33条第1項参照）。

4 **誤り**。既判力は判決で示された法的判断と異なった相手方に不利益な主張をすることを禁止する力であるため、処分庁が自ら当該処分の違法を認め、職権で取り消すことを妨げない。

5 **正しい**。取消訴訟の判決が確定すると、判決一般の効力として既判力が生じ、訴訟当事者の間で当該事項につき再び紛争を蒸し返せなくなる。

正答　5

地方自治制度

　地方自治制度の出題数は、AI類事務が10問、AI類技術は6問です。行政法、地方公務員制度と並んで非常に多く、重要な得点源になります。この科目をマスターすることは、主任試験合格だけでなく、日々の業務にも役立つ場面がきっとあるはずです。受験を機に、ぜひ理解を深めてください。

出題傾向と勉強方法

　過去10年間の分野別出題傾向は表の通りです。例年、「財務」と「議会」の出題比率が高く、この二つの分野だけで科目全体の出題数の約半分を占めています。一つの問題の中で複数の分野にまたがる知識を横断的に問うものが出題されることがあります。まずは分野ごとの正確な理解に注力しつつ、地方自治制度を全体的に俯瞰できるようにしていってください。

　地方自治制度における問題のほとんどは、地方自治法に関連する知識を問うものになっています。例年の問題を見ると、地方自治法に定められている条文がそのまま正答の選択肢になっていたり、条文の一部を書き換えて誤答の選択肢とするものが多く登場しますので、基本的かつ重要な条文についてはしっかりマスターしてください。

　しかし、地方自治法は条文数も多く、これを完全に網羅することは、不可能と言わざるを得ません。主任試験の合格を目指すという観点から考えると、地方自治法の各条に対して解説するような詳細な文献を最初から読み進めて学習するというやり方よりも、頻出分野に的を絞った昇任試験用の問題集を解きながら、都度、参考書や関連する条文などを参照する進め方のほうが、学習効率の点で優れています。

地方自治制度の出題実績（過去10年間）

出題分野	H24	H25	H26	H27	H28	H29	H30	R1	R2	R3
総則的事項			※			※	○※			
区域・廃置分合等	○			○				○		○
住　民										
条例・規則	○	○		○	○	○	※	○		○
選　挙		○							○	
直接請求			○	○		○			○	
議　会	○○	○○	○○	○	○	○○	○※	○	○	○○
長の地位・権限	○		○	※		○			○	
補助機関	○	※	○		○				○	
長の再議・不信任	○			※			○※		○	
長の専決処分		○			○			○		
行政委員会	○					○				○
附属機関		※		○		○		○		
財　務 （財産・住民監査請求等を含む）	○	○○○	○○	○○○	○○○	○○○	○○○	○○○	○○	○○
公の施設	○		○		○		○			○
国と地方公共団体の関係 条例による事務処理の特例			※		※	※		○	○	
大都市に 関する特例					○			○		
外部監査			○						○	
特別地方公共団体					※		○			○

※印…同一の設問中に複数の項目が含まれる問題
（H25：附属機関・補助機関、H26：自治事務・法定受託事務、H27：長の再議権、H28：協力方式、H29：自治事務・法定受託事務、H30：条例案の提案・議決要件・施行期日・長の再議権）

問題 1 地方自治法に定める普通地方公共団体の事務に関する記述として、妥当なのはどれか。

1 第二号法定受託事務とは、法律またはこれに基づく政令により市町村または特別区が処理することとされる事務のうち、都道府県が本来果たすべき役割に係るものであって、都道府県においてその適正な処理を特に確保する必要があるものとして、法律またはこれに基づく政令に特に定めるものをいう。

2 自治事務は、法令により普通地方公共団体が処理することとされている事務であり、各大臣は、普通地方公共団体が自治事務を処理するに当たっての基準を定めなければならないとされる。

3 普通地方公共団体の議会の調査権は、当該普通地方公共団体の自治事務及び法定受託事務のうち、国の安全を害するおそれのあることには及ばないが、議会の監査請求権は、当該普通地方公共団体の事務の全てに及ぶとされる。

4 従来の機関委任事務は廃止され、そのうちの約6割が自治事務に、約4割が第一号法定受託事務に整理される一方、従来の団体委任事務は全て第二号法定受託事務になった。

5 市町村の自治事務の処理が法令の規定に違反していると認めるときは、各大臣は、直接市町村へ是正の要求及び勧告を行うことはできないが、都道府県に対し、市町村へ是正の要求及び勧告を行うよう指示することはできる。

解説 1

1 **正しい。**

2 **誤り。** 法定受託事務に関する説明である。また、各大臣は、法定受託事務の処理に当たりよるべき基準を定めることができるが、定めなければならないものではない（法第245条の9）。

3 **誤り。** 調査権、監査請求権ともに、自治事務にあっては労働委員会及び収用委員会の権限に属する事務で政令で定めるもの、法定受託事務にあっては国の安全を害するおそれがあること等には及ばない（法第98条、第

69

100条第1項)。

4　**誤り**。従来の機関委任事務は、そのうちの約6割が自治事務に、約4割が法定受託事務に分類された。団体委任事務は、自治事務に分類された。

5　**誤り**。自治事務については、緊急を要するときその他特に必要があると認めるときは、各大臣は、直接市町村へ是正の要求をすることができる。後半は要求については正しい。なお、是正の勧告に国の関与は定められていない（法第245条の5、第245条の6）。

正答　1

問題2　地方自治法に規定する都道府県の事務所の位置の変更に関する記述として妥当なのは、次のどれか。

1　事務所の位置の変更は、条例でこれを定めなければならず、この場合、当該都道府県の議会において、出席議員の3分の2以上の同意がなければならない。

2　事務所の位置の変更は、規則でこれを定めなければならず、この場合、当該都道府県の議会に報告し、その承認を得なければならない。

3　事務所の位置の変更は、条例でこれを定めなければならず、この場合、あらかじめ内閣総理大臣に協議し、その承認を得なければならない。

4　事務所の位置の変更は、規則でこれを定めなければならず、この場合、あらかじめ総務大臣に協議し、その承認を得なければならない。

5　事務所の位置の変更は、法律でこれを定めなければならず、この場合、住民投票において、その過半数の同意がなければならない。

解説2

1　**正しい**（法第4条第1項及び第3項）。

2　**誤り**。事務所の位置の変更は、規則ではなく条例で定めなければならない。

3　**誤り**。内閣総理大臣に協議し、その承認を得る必要はない。

4　**誤り**。事務所の位置の変更は、条例で定めなければならない。総務大臣に協議し、その承認を得る必要はない。

5　**誤り**。事務所の位置の変更は、条例で定めなければならない。住民投票において、過半数の同意を得る必要はない。

正答　1

問題3　　普通地方公共団体の長の定める規則に関する記述として妥当なのは、次のどれか。

1　規則は、普通地方公共団体の長により制定され、都道府県知事は総務大臣に、市町村長は知事に、この規則の制定について報告しなければならない。
2　規則は、法定受託事務について制定されるもので、自治事務については、長の権限に属する事項であっても条例で定めなければならない。
3　規則では、その実効性を確保するために、規則に違反した者に対し、行政上の秩序罰として過料を科す旨の規定を設けることができない。
4　規則では、普通地方公共団体内部の事務処理及び住民の権利義務に関する事項について定めることができる。
5　普通地方公共団体の長は、普通地方公共団体の条例の規定による委任があれば、規則中に刑罰を科する旨の規定を設けることができる。

解説3　　1　**誤り**。規則を制定したときに報告を要求する規定はない。

2　**誤り**。長の権限に属する事務であれば、規則を制定できる。また、法定受託事務も条例制定権の対象であり、規則の専管事項ではない。
3　**誤り**。規則には罰則として5万円以下の過料を科す旨の規定を設けることができる。
4　**正しい**。義務を課し、または権利を制限するには、原則として条例によらなければならないが（法第14条第2項）、長その他の執行機関の専権に属する事項には条例制定権が及ばず、執行機関の定める規則等によって定められることになる。
5　**誤り**。条例の規定による委任があっても、規則に刑罰規定を設けることはできない。

正答　4

問題 4 地方自治法に規定する直接請求に関する記述として、妥当なのは次のどれか。

1　普通地方公共団体の長は、条例の廃止の請求を受理したときは、受理した日から30日以内にこれを住民の投票に付さなければならない。

2　普通地方公共団体の長は、条例の制定の請求を受理したときは、受理した日から20日以内に議会を招集し、これを議会に付議しなければならない。

3　普通地方公共団体の長の選挙権を有する者は、その総数の50分の1以上の者の連署をもって、議会の議長に対し、長の解職の請求をすることができる。

4　普通地方公共団体の長は、選挙管理委員の解職の請求を受理したときは、受理した日から10日以内にこれを選挙管理委員会に付議しなければならない。

5　普通地方公共団体の長の選挙権を有する者は、その総数の50分の1以上の者の連署をもって、長に対し、議会の解散の請求をすることができる。

解説 4 1　**誤り**。普通地方公共団体の長は条例の廃止の請求を受理したときは、受理した日から20日以内に議会を招集し、意見を付けて議会に付議しなければならない（法第74条第3項）。

2　**正しい**（法第74条第3項）。

3　**誤り**。普通地方公共団体の議会の議員及び長の選挙権を有する者は、その総数の3分の1以上（一部緩和規定あり）の者の連署をもって、選挙管理委員会に対し、長の解職の請求をすることができる（法第80条第1項、第81条第1項）。

4　**誤り**。普通地方公共団体の長は、選挙管理委員の解職の請求を受理したときは、議会に付議しなければならない（法第86条第3項）。

5　**誤り**。普通地方公共団体の長の選挙権を有する者は、その総数の3分の1以上（一部緩和規定あり）の者の連署をもって、選挙管理委員会に対し、議会の解散の請求をすることができる（法第76条第1項）。

正答　2

問題5 　地方自治法に定める普通地方公共団体の議会の権限に関する記述として、妥当なのは次のどれか。

1　議会は、当該普通地方公共団体の事務に関する調査のため、当該普通地方公共団体の長及び執行機関に限って照会または記録の送付を求めることができる。

2　議会は、当該普通地方公共団体の事務に関する調査のため、関係人の出頭及び証言を請求できるが、関係人が正当な理由なくこれを拒んだ場合でも罰則を科すことはできない。

3　議会は、当該普通地方公共団体の事務に関する書類及び計算書を検閲し、長その他の執行機関の報告を請求して、事務の管理、議決の執行及び出納を検査することができる。

4　議会は、地方自治法においてその議決事件が制限列挙されており、条例で議決範囲を広げることはできない。

5　議会は、議長及び副議長の選挙を行う権限を有し、その選挙の方法は、指名推選の方法を用いることはできず単記無記名投票によることと定められている。

解説5

1　**誤り**。議会は当該普通地方公共団体の事務に関する調査のため、長及び執行機関のほかにも、当該普通地方公共団体の区域内の団体等に対しても、照会または記録の送付を求めることができる（法第100条第10項）。

2　**誤り**。関係人が正当な理由なく拒んだ場合は、6カ月以下の禁錮または10万円以下の罰金を科すことができる（法第100条第3項）。

3　**正しい**（法第98条第1項）。

4　**誤り**。法第96条第1項で議会の議決事件が制限列挙されているが、法第96条第2項では条例で議会の議決事件を定めることができることとされている。

5　**誤り**。議会は、議員中に異議がないときは、議長及び副議長の選挙について、指名推選の方法を用いることができる（法第118条第2項）。

正答　3

地方自治に定める普通地方公共団体の議会の検査権に関する記述として、妥当なのは次のどれか。

1　議会は、当該普通地方公共団体の事務に関して、書類及び計算書を検閲して出納を検査することができ、この権限は、その議決により会計管理者に委任することができる。

2　議会は、当該普通地方公共団体の事務に関して、関係人の出頭を求めて出納を検査することができ、必要な場合は、その議決により実地に検査を行うことができる。

3　議会は、当該普通地方公共団体の長の権限に属する事務に関して、書類及び計算書を検閲して議決の執行を検査することができ、違法または不当な事実が判明したときは、その是正を命ずることができる。

4　議会は、当該普通地方公共団体の長の権限に属する事務に関して、長の報告を請求して事務の管理を検査することができるが、この検査を、その付託により常任委員会または特別委員会に行わせることはできない。

5　議会は、当該普通地方公共団体の事務に関して、長その他の執行機関の報告を請求して議決の執行を検査することができるが、実地に検査を行うことはできない。

解説6

1　**誤り**。前段は正しい。議会が検査権を委任できるのは、議決により、常任委員会または特別委員会に行わせる場合のみであり、会計管理者には委任できない。

2　**誤り**。議会の検査権の行使は、書類及び計算書の検閲や長等からの報告を請求することにとどまり、関係人の出頭を求めることまではできない（法第98条第1項）。また、議会は、実地に検査できない。

3　**誤り**。議会が書類及び計算書を検閲できる事務は、「当該普通地方公共団体の事務」であり、長の権限に属する事務ではない。また、違法等の事実が判明しても議会は、是正を命ずる権限はない（法第98条第1項）。

4　**誤り**。前段については、選択肢3の解説参照。検査実施の方法としては、委員会に委任する議決を経て、常任委員会または特別委員会に委任し

て行わせることができる（行実昭24.4.11）。

5　**正しい。**議会は、実地検査を行うことはできず、必要がある場合には、監査委員に検査を行わせるべきであるとされる（行実昭28.4.1）。

正答　5

問題 7　地方自治法に定める議会の委員会に関する記述として、妥当なのは次のどれか。

1　常任委員会は、自らの意思によってその所管に属する当該普通地方公共団体の事務に関する調査を行う権能を有しており、百条調査権と同様に、関係人の出頭、証言、記録の提出を要求することができる。

2　特別委員会は、常任委員会の所管に属さない特定の事件を審査するものであり、議会閉会中においては、継続審査についての議会の特別の議決がなくても当然に継続審査を行うことができる。

3　常任委員会または特別委員会は、全ての議案について提出することができる。

4　常任委員会を組織する委員の数は、議会の会議規則で定められ、議員は必ず一つの常任委員会の委員にならなければならないとされている。

5　都道府県は、市町村と同様に常任委員会の設置については任意であり、また、常任委員会の数に制限はなく、必要に応じて条例で定めることとされている。

解説 7

1　**誤り。**常任委員会は参考人の出頭を求め、その意見を聴くことができるが、百条調査権のような証言、記録の提出を要求することはできない（法第109条第5項）。

2　**誤り。**特別委員会も議会の議決により付議された事件でなければ、閉会中これを審査することができない（法第109条第8項）。

3　**誤り。**委員会も議案が提案できるが、その部門に属する事務に関するものに限られる（法第109条第6項）。

4　**誤り。**平成24年の法改正により、所属制限は廃止された。なお、常任委

員の定数は、条例中に明確に規定すべきであるとされる（行実昭31.9.28）。

5　**正しい**（法第109条第1項）。

正答　5

問題8　行政委員会に関する記述として、妥当なのは次のどれか。

1　人事委員会は、専門的な人事行政機関として都道府県に設置されており、独任制の機関である。

2　行政委員会は、その権限に属する事務の一部を知事と協議して、知事の補助機関である職員に補助執行させることができる。

3　行政委員会は、知事の附属機関であり、行政の公正な判断を期し、利害の公平な調和を図る必要から設けられている。

4　行政委員会の事務については、行政の一体性、総合性を確保するため、知事の指揮監督が認められている。

5　都道府県に設置される行政委員会には、教育委員会や選挙管理委員会があり、市町村に設置される行政委員会には労働委員会や収用委員会がある。

解説8

1　**誤り。**人事委員会は、合議制の執行機関である。都道府県及び政令指定都市は人事委員会を、また、特別区と人口15万以上の市には人事委員会または公平委員会を、人口15万未満の市、町、村及び地方公共団体の組合は公平委員会を置くものとされている（地方公務員法第7条）。

2　**正しい**（法第180条の3）。

3　**誤り。**附属機関とは、執行機関に設けられる審議会、審査会等（法第138条の4第3項）のことで、行政委員会とは異なるものである。

4　**誤り。**法は、行政委員会も知事の所管の下に置かれる旨を明らかにしている（法第180条の4、第221条第1項、第238条の2）が、指揮監督までを認めているわけではない。

5　**誤り。**労働委員会及び収用委員会は都道府県に設置しなければならないものである（法第180条の5第2項）。

正答　2

問題9　普通地方公共団体の長の専決処分に関する記述として妥当なのは、次のどれか。

1　長は、議会が議決すべき事件を議決しないとき専決処分にすることができるが、その事件には法令上または事実上議決が必要とされるもののほか、議会において行われる選挙も含まれる。

2　長は、議会の議決により特に指定された軽易な事項について専決処分ができるが、議会はいったん指定した事項については、将来に向かってその指定を廃止する旨の議決をすることはできない。

3　長は、議会の議決により特に指定された事項について専決処分を行い、次の会議においてその専決処分を議会に報告しなかったときには、この専決処分は撤回されたものとみなされる。

4　長は、議会が不成立の場合、議決すべき事件を専決処分にすることができるが、次の会議において議会の承認が得られなかったときにおいても、この専決処分の法律上の効力には影響がない。

5　長は、議会が法令により負担する経費またはその他の普通地方公共団体の義務に属する経費にかかる予算を否決したときには、専決処分によって当該経費を支出することができる。

解説9

1　**誤り**。選挙、不信任議決、意見書の提出のような事務執行と関係のない事項については対象とならない。

2　**誤り**。専決処分指定事項につき、議会は、将来に向かってその指定を廃止する旨の議決をすることができる（行実昭35.7.8）。

3　**誤り**。報告の時期について明文の規定はなく（法第179条の場合との相違に注意を要する）、次の会議において議会に報告しなかった場合でも、処分の効力には影響がない。

4　**正しい**。法律上の効力には影響はない（行実昭26.8.15）。

5　**誤り**。長は、理由を示して再議に付さなければならない（法第177第1項）。

正答　4

第2章 択一式 教養問題A

地方自治法に定める議会の定例会または臨時会に関する記述として妥当なのは、次のどれか。

1 臨時会は、会議に付議すべき事件の告示をすることなしに招集され、議員は会期中いかなる案件でも提出することができる。

2 臨時会は、必要がある場合において、特定の事件を審議するために、普通地方公共団体の長がこれを招集する。

3 臨時会は、定数の10分の1以上の議員が招集の請求を議長に対して行ったときは、必ず開かれなければならない。

4 定例会は、会議に付議すべき事件がない場合でも招集されなければならず、その会期を延長することができない。

5 定例会は、毎年度条例で定める回数を招集しなければならず、その会期は議長がそのつど決定する。

解説10

1 **誤り**。急施を要する事件については、直ちに会議に付すことができるが、これ以外の事件については、あらかじめ告示しなければならない（法第102条第4項から第6項まで）。

2 **正しい**（法第102条第3項及び法第101条）。

3 **誤り**。議員定数の4分の1以上のものから臨時会の招集の請求があった場合には、長は請求のあった日から20日以内にこれを招集しなければならない（法第101条第3項及び第4項）。

4 **誤り**。定例会は、付議事件の有無を問わず招集されるが、招集後の会期の延長等、議会の運営は議会が定める（法第102条第7項）。

5 **誤り**。定例会は、毎年条例で定める回数招集しなければならない（法第102条第2項）。「毎年」とは暦年であり会計年度の意ではない（行実昭27.9.19）。また会期は、議会が定める（法第102条第7項）。

正答　2

問題11　地方自治法に定める普通地方公共団体の議会の定足数に関する記述として妥当なのは、次のどれか。

1　議会は、原則として在職議員数の半数以上の議員が出席しなければ会議を開くことができないが、この定足数は会議を継続するための要件ではないので、会議の途中で定足数を欠いてもそのまま会議を継続することができる。

2　議会は、原則として議員の定数の半数以上の議員が出席しなければ会議を開くことはできないが、議長は、この議員の定数から除外され、出席議員数にも含まれない。

3　議会は、原則として在職議員数の半数以上の議員が出席しなければ会議を開くことができないが、長の不信任の議決に関しては、在職議員数の4分の3以上の議員が出席しなければ会議を開くことができない。

4　議会は、原則として議員の定数の半数以上の議員が出席しなければ会議を開くことができないが、同一の事件につき再度招集してもなお半数に達しないときは会議を開くことができる。

5　議会は、原則として議員の定数の半数以上の議員が出席しなければ会議を開くことができないが、在職議員数が定数の半数に満たない場合は、在職議員数の半数以上の議員が出席すれば会議を開くことができる。

解説11

1　**誤り。**在職議員数の半数以上ではなく、議員定数の半数以上である。また、定足数は会議を継続するための要件である。

2　**誤り。**議長は議員定数、出席議員数に参入される。

3　**誤り。**在職議員数の半数以上ではなく、議員定数の半数以上である。長の不信任議決に関しては、在職議員数の3分の2以上の議員の出席が必要である（法第178条第3項）。

4　**正しい**（法第113条）。

5　**誤り。**議員定数の半数以上の議員が出席しうるためには、それ以上の議員が在職していなければならない。

正答　4

地方自治法に定める総合区に関する記述として、妥当なのはどれか。

1 総合区の事務所の位置、名称、所管区域、総合区長が分掌する事務は、条例で定めなければならないが、総合区の出張所の位置は指定都市の規則で定めることができる。

2 指定都市が総合区を設置しようとする場合、市の区域の全域において総合区を設置しなければならず、一部の区域には総合区を置き、別の一部の区域には区を置くことはできない。

3 総合区の事務所またはその出張所に勤務する職員は全て総合区長が任免するが、市の規則で定める主要な職員を任免する場合においては、あらかじめ市長の同意を得なければならない。

4 総合区長は、予算のうち総合区長が執行する事務に関して、市長に対して意見を述べることができるが、市長から委任を受けて総合区に係る予算を編成することはできない。

5 総合区長は、市長が議会の同意を得て選任するものであり、任期中は、法律に定められた欠格事由に該当する場合を除き、解職には議会の同意が必要である。

解説12

1 **誤り。**総合区の出張所の位置も条例で定めなければならない（法第252条の20の2第2項）。

2 **誤り。**総合区は指定都市の一部の区域に設置することも、全域に設置することも、設置しないこともできる（法第252条の20の2第1項）。

3 **誤り。**政令で定める職員（総合区会計管理者及び総合区出納員その他の総合区会計職員）は任免権を有しない（法第252条の20の2第9項及び令第174条の48の3）。

4 **正しい。**予算編成権は市長に専属する。

5 **誤り。**市長は、任期中であっても総合区長を解職できる（法第252条の20の2第5項）。

正答　4

問題13 外部監査契約に基づく監査に関する記述として、地方自治法上、妥当なのはどれか。

1 外部監査人は、監査の事務を他の者に補助させることができるが、この場合においては、外部監査人は、政令の定めるところにより、あらかじめ監査委員に協議しなければならない。

2 普通地方公共団体が外部監査契約を締結できる者は、普通地方公共団体の財務管理、事業の経営管理その他の行政運営に関し優れた識見を有する者であって、弁護士、公認会計士または税理士の資格を有する者に限られる。

3 普通地方公共団体の長は、外部監査人が心身の故障のため監査の遂行に堪えないと認めるときは、外部監査契約を解除することができるが、この場合においては、当該普通地方公共団体の議会の同意を得る必要はない。

4 外部監査人は、監査を実施するに当たっては、監査委員の監査の実施に支障を来さないよう配慮しなければならないが、監査委員に外部監査を実施する旨を通知するなど相互の連絡を図る必要はない。

5 普通地方公共団体の議会は、外部監査人の監査に関し必要があると認めるときは、外部監査人の説明を求めることができるが、外部監査人に対し意見を述べることはできない。

解説13

1 **正しい**（法第252条の32第１項）。

2 **誤り**。弁護士及び公認会計士に加え、税理士、国の行政機関において会計検査に関する行政事務に従事した者等が含まれる（法第252条の28第１項及び第２項）。

3 **誤り**。外部監査契約の解除には、あらかじめ監査委員の意見を聴くとともに、その意見を付けて議会の同意を得ることが必要である（法第252条の35第２項）。

4 **誤り**。相互の連絡を図り、監査委員の監査の実施に支障を来さないよう配慮しなければならない（法第252条の30第１項）。

5 **誤り**。議会は、必要と認めるときは、外部監査人に意見を述べることが

できる（法第252条の34第2項）。

正答　1

問題14　地方自治法に定める特別地方公共団体に関する記述として、妥当なのはどれか。

1　地方公共団体の組合は、一部事務組合、広域連合及び財産区の三種である。

2　一部事務組合の設立は、関係地方公共団体の協議によって規約を定め、都道府県が加入する場合は総務大臣、その他の場合は都道府県知事の許可を得て行われる。

3　広域連合は、特別の必要がある場合に、複数の地方公共団体がその事務の全部を共同処理するために設置するものである。

4　財産区は、二つ以上の地方公共団体が、小中学校等の施設の設置や下水道事業の経営などを共同して行うために設置するものである。

5　特別地方公共団体としては特別区があり、この特別区には都の区と政令指定都市の区がある。

解説14

1　**誤り**。財産区は、地方公共団体の組合ではない（法第284条第1項）。

2　**正しい**（法第284条第2項）。

3　**誤り**。その事務の全部ではなく、一部を処理するために設置する（法第284条第3項）。

4　**誤り**。財産区は、市町村または特別区の一部の区域を区域とする地域団体であるから、二つ以上の市町村にまたがって存在することはできない。

5　**誤り**。政令指定都市の区は、当該市の権限に属する事務を分掌させるため、条例で置かれるものである（法第252条の20第1項）。特別地方公共団体ではない。

正答　2

問題15 地方自治法に定める通年の会期に関する記述として、妥当なのはどれか。

1 会期中に議員の任期が満了した日または議会が解散した日をもって会期が終了した場合、議長は一般選挙により選出された議員の任期が始まる日から20日以内に議会を招集しなければならない。

2 長は、議長に対し、会議に付議すべき事件を示して、定例日以外の日において会議を開くことを請求できない。

3 通年の会期の場合、会議規則により、毎月1日以上定期的に会議を開く日を定めなければならない。

4 長は、議会の審議に必要な説明のため議長から出席を求められた場合、議場に出席できないことについて正当な理由があるときは、その旨を議長に届け出ることなく出席義務が解除される。

5 通年の会期の場合、始期として条例で定める日の到来をもって、長が当該日に議会を招集したものとみなす。

解説15

1 **誤り**。議会を招集するのは、議長ではなく長である。また、20日以内ではなく30日以内である。

2 **誤り**。長は、議長に対し、会議に付議すべき事件を示して定例日以外の日において会議を開くことを請求することができる。

3 **誤り**。会議の日については必ずしも毎月1日以上とする必要はない。

4 **誤り**。長（その他に教育長、選挙管理委員会の委員長等）は、議場に出席できないことについて正当な理由があるときは、その旨を議長に届け出ることにより出席義務が解除される。

5 **正しい**（法第102条の2第2項）。

正答 5

問題16 条例に関する記述として妥当なのは、次のどれか。

1 条例案の議決には、その条例が住民の権利または自由を制限するもので

ある場合、出席議員の４分の３以上の賛成が必要である。

2　条例案の提出権は、長のみに与えられており、議員や住民は条例案を提出することができない。

3　条例には、その実効性を担保するために罰金を科する旨の規定を設けることができるが、懲役を科する旨の規定を設けることはできない。

4　条例は、法令に違反しない限りにおいて制定することができ、その形式的効力は法律及び政令と同等である。

5　条例は、自治事務に関して制定することができるのみならず、法定受託事務に関しても制定することができる。

解説16

1　**誤り。**特別の定めがない限り、出席議員の過半数で決するが（法第116条第１項）、設問のような規定はない。

2　**誤り。**条例案の提出権は議員にも認められているが（法第112条第１項）、住民には、提出権そのものは認められていない。

3　**誤り。**条例には、罰則として２年以下の懲役を科す旨を規定することもできる。なお、本記述前半は正しい（法第14条第３項）。

4　**誤り。**形式的効力は法律及び政令に劣る。

5　**正しい。**条例は、法第２条第２項の事務について制定でき（法第14条第１項）、自治事務と法定受託事務が対象となる。

正答　5

問題17　地方自治法に規定する普通地方公共団体の議会の議員の懲罰に関する記述として、妥当なのはどれか。

1　普通地方公共団体の議会は、地方自治法及び会議規則に違反した議員に対し、議決により懲罰を科することができるが、委員会に関する条例に違反した議員に対し、議決により懲罰を科することはできない。

2　普通地方公共団体の議会の議員が会議規則に違反して秘密会の議事をもらした場合、その秘密性が継続しているとしても、次の会期において懲罰を科することはできない。

3　普通地方公共団体の議会の議員が正当な理由がなくて会議に欠席したため、議長が特に招状を発しても、なお故なく出席しない者は、議長において、議会の議決を経てこれに懲罰を科することができる。

4　普通地方公共団体の議会の議員に対する懲罰処分の発生の時期は、本人に対しその旨の通知がなされたときであり、議決のときではない。

5　普通地方公共団体の議会は、除名された議員で再び当選した議員を拒むことができる。

解説**17**

1　**誤り**。委員会に関する条例に違反した議員に対しても、議決により懲罰を科することができる（法第134条第１項）。

2　**誤り**。その秘密性が継続する限り次の会期において懲罰を科し得る（行実昭25.3.18）。

3　**正しい**（法第137条）。

4　**誤り**。議決のときであり、本人に対しその旨の通知がなされたときではない（行実昭25.10.9）。

5　**誤り**。拒むことができない（法第136条）。

正答　3

問題**18**　　予算に関する記述として妥当なのは、次のどれか。

1　普通地方公共団体の長は、業務量の増加により職員の給料の支払いに不足が生じたときは、当該業務量の増加により増加する収入に相当する金額を職員の給料に使用することができる。

2　普通地方公共団体の長は、一般会計において、業務量の増加により業務のため直接必要な経費に不足が生じたときは、当該業務量の増加により増加する収入に相当する金額を当該諸経費（政令で定める経費を除く）に使用することができる。

3　普通地方公共団体の議会の議長は、予算を定める議決があったときは、その日から10日以内にこれを当該普通地方公共団体の長に送付しなければならない。

4 議会が、補正予算につき会計年度経過後に会計年度内に議決したこととすることの取り扱いをした場合でも、当該予算は有効である。

5 本予算が成立したときは、暫定予算は効力を失い、その暫定予算に基づく支出または債務の負担があるときは、その支出または債務の負担は、本予算に基づく支出または債務の負担とみなされる。

解説18

1 **誤り**。職員の給料は、いわゆる弾力条項により使用できる経費から除かれている（令第149条）。

2 **誤り**。いわゆる弾力条項（法第218条第4項）は、特別会計に関する規定であり、一般会計には適用されない。

3 **誤り**。議会の議長は、3日以内に長に送付しなければならない（法第219第1項）。

4 **誤り**。議会が補正予算につき、会計年度経過後に会計年度内に議決したこととすることの取り扱いをした場合、当該予算は無効である（甲府地裁昭31.7.24）。

5 **正しい**（法第218条第3項）。

正答　5

問題19　地方債に関する記述として、妥当なのはどれか。

1 地方分権一括法によって起債に対する許可制度が廃止され、事前協議制に移行したが、この協議には総務大臣または都道府県知事の同意が必要とされ、同意がない場合、起債することができない。

2 地方公共団体の歳出は原則として地方債以外の歳入をもって財源としなければならず、起債する場合は、予算の内容の一つとして定めるのではなく、単独で議会の議決を経なければならない。

3 地方債は、その対象事業によって一般会計債と公営企業債の2種類に、また、地方債の引受先の資金によって公庫資金債と民間等資金債の2種類に区分される。

4 実質赤字比率、連結実質赤字比率及び実質公債費比率のうちいずれかが

財政再生基準以上である地方公共団体は、財政再生計画に総務大臣の同意を得ている場合でなければ、地方債を起こすことができない。

5 地方債を財源にできる地方公共団体の事業は、地方財政法に列挙されており、例として地方債の借り換えのために要する経費の財源とする場合があげられるが、他の法律によっても特例的に起債することが認められている。

解説19

1 **誤り**。協議を行えば、総務大臣または都道府県知事の同意がなくても、あらかじめ議会に報告の上、地方債を起こすことができる（地方財政法第5条の3第9項本文）。なお、平成17年度までは、原則として許可制が維持されていた（地方財政法附則第33条の7第4項）。

2 **誤り**。前半は正しい（地方財政法第5条本文）。地方債の起債の目的、限度額等は、予算で定めなければならない（法第230条第2項）。

3 **誤り**。引受先の資金によって、公的資金（財政融資資金・地方公共団体金融機構資金）及び民間等資金（市場公募資金・銀行等引受資金）に大別される。

4 **誤り**。財政再生計画に総務大臣の同意を得ていない場合であっても、災害復旧事業費の財源とする場合その他の政令で定める場合においては、地方債をもって歳出の財源とすることができる（地方公共団体の財政の健全化に関する法律第8条及び第11条）。

5 **正しい**（地方財政法第5条ただし書、災害対策基本法第102条第1項等）。

正答 5

問題20

地方自治法に定める普通地方公共団体の支出に関する記述として妥当なのは、次のどれか。

1 資金前渡は、特に必要があるときは、他の普通地方公共団体の職員に対してもすることができる。

2 普通地方公共団体は、債権者以外の者に対して支出することができないので、債権者から正規に代金受領の委任を受けた者に対しても、支払いをすることはできない。

3　普通地方公共団体は、当該普通地方公共団体の事務を処理するために必要な経費のみを支弁する。
4　普通地方公共団体の支出の原因となるべき契約その他の行為を、債務負担行為という。
5　普通地方公共団体の支出の事務については、歳入の徴収または収納の事務と異なり、私人に委託することはできない。

▌解説20

1　**正しい**（令第161条第3項）。
2　**誤り**。法には、「債権者のため」でなければ支出をすることができない旨が定められており（法第232条の5第1項）、債権者から正規に代金受領の委任を受けた者に対して支払うことは可能である。
3　**誤り**。その他法律またはこれに基づく政令により普通地方公共団体の負担に属する経費も支弁する（法第232条第1項）。
4　**誤り**。支出負担行為に関する記述である（法第232条の3）。
5　**誤り**。一定の支出については、私人に支出の事務を委託することができる（令第165条の3第1項）。

正答　1

▌問題21　地方公営企業の予算に関する記述として、妥当なのはどれか。

1　給与費は、企業経営に占める重要性から、予算上は営業費用や建設改良費に含まれず、独立した項を設けて計上され、議会の議決を経なければ他の経費に流用することができない。
2　管理者は、業務量の増加により、地方公営企業の業務のため直接必要な経費に不足が生じたときは、当該業務量の増加により増加する収入に相当する金額を、予算額を超えて使用することができる。
3　管理者は、事業年度途中に一時的な資金不足が生じたときは、一時の借り入れをすることができるが、その償還は必ず当該事業年度内に行わなければならず、償還が翌事業年度にわたる借り換えは許されない。
4　管理者は、建設または改良に要する経費のうち、事業年度内に支払い義

務が生じなかったものがあるときは、翌事業年度に繰り越すことができるが、この場合、一般会計と同様にあらかじめ繰越明許費として予算に定める必要がある。

5　地方公営企業の予算は、地方公営企業の毎事業年度における業務の予定量並びにこれに関する収入及び支出の大綱を定めるものであり、管理者は、毎事業年度、地方公営企業の予算を調製し、議会に提出しなければならない。

解説21

1　**誤り。**給与費は、予算上、営業費用または建設改良費に含めて計上され、独立した項を設けないため前段は誤り。給与費は、流用禁止項目に該当するため後段は正しい。

2　**正しい。**いわゆる弾力条項である。

3　**誤り。**地方公営企業の一時借入金は、当該事業年度内に償還できないときは、借り換えることができる。

4　**誤り。**繰越明許制度（法第213条）があらかじめ予算に規定した経費についてだけ認められるのに対し、建設改良費繰越は、単にその経費が建設または改良に要する経費であるという経費の性質に基づいて一律に認められるものであるため、後段は誤り（地方公営企業法第26条第1項）。

5　**誤り。**予算の調製権は地方公共団体の長にある。

正答　2

問題22　地方自治法に定める住民監査請求に関する記述として、妥当なのはどれか。

1　住民監査請求の請求権者は、当該行為のあった日または終わった日から60日を経過したときは、住民監査請求をすることができない。

2　住民監査請求は、地方公共団体の執行機関または職員による違法または不当な財務会計上の行為についてだけでなく、財務に関する怠る事実についても対象となっている。

3　監査委員は、住民の請求に理由があると認める場合は、請求人に通知し

なければならないが、住民の請求に理由がないと認める場合は、請求人に通知する必要はない。

4　住民監査請求の請求権者は地方公共団体の住民であるため、法人が住民監査請求をすることはできない。

5　住民監査請求をするには、選挙権を有する者の総数の50分の1以上の者の連署が必要であり、1人でも行うことができる事務の監査請求とは異なっている。

解説22

1　**誤り。**住民監査請求は、当該行為のあった日または終わった日から1年を経過したときは、これをすることができない。しかし、正当な理由があるときは、この限りでない（法第242条第2項）。

2　**正しい。**住民監査請求の対象となる行為は、違法若しくは不当な財務会計上の行為または一定の怠る事実である（法第242条第1項）。

3　**誤り。**請求に理由がないと認めるときは、理由を付してその旨を書面により請求人に通知するとともに、これを公表しなければならない（法第242条第4項、第5項）。

4　**誤り。**住民である限り、国籍、選挙権、納税の有無を問わず、法律上の行為能力を有する限り、自然人たると法人たるとを問わない（行実昭23.10.30）。

5　**誤り。**直接請求制度とは異なり、住民が単独で請求することができる。

正答　2

問題23　地方自治法に定める請願に関する記述として妥当なのは、次のどれか。

1　請願は、一定の事項について適当な措置を講じるよう普通地方公共団体に対して訴えることであり、請願権者は議員の紹介を必要とせずに請願書を提出することができるとされている。

2　請願は、民主主義の要請により認められた権利であるが、請願書が提出された普通地方公共団体の事務に関係がなく当該普通地方公共団体におい

て措置できない事項の請願書について、議長は受理を拒むことができると
されている。

3　請願は、参政権としての性格を有するものであり、個人が請願する場合
には、当該普通地方公共団体の長の選挙権を有している者に限って認めら
れるが、選挙権を有しない者には認められないとされている。

4　請願は、憲法で保障されている権利であり、権利能力なき社団や普通地
方公共団体の機関としての教育委員会も当該普通地方公共団体に対して請
願することができるとされている。

5　請願は、普通地方公共団体の議会の開会中であると閉会中であるとを問
わず、所定の様式が整っている請願が議長に提出された場合には、議長は
これを受理することができるとされている。

解説23

1　**誤り。**請願しようとする者は、議員の紹介により請願書を提出しなけれ
ばならない（法第124条）。

2　**誤り。**請願は、憲法、法律に規定された国民の権利であるから、法定の
形式を具備していれば、議長において受理を拒む権限はない（行実昭
26.10.8）。

3　**誤り。**「請願しようとする者」とは、当該普通地方公共団体の住民のみ
ならず、他の全ての住民（自然人たると法人たるとを問わない）を指す
（行実昭25.3.16）。

4　**誤り。**普通地方公共団体の機関が、一機関として当該普通地方公共団体
の議会に請願することはできない。

5　**正しい**（行実昭48.9.25）。

正答　5

問題24　地方自治法に定める地方公共団体の協力方式に関する記述とし
て、妥当なのはどれか。

1　協議会は、独立した法人格を有しており、協議会が関係地方公共団体の
ために行った事務の執行は、協議会が行ったものとしての効力を生じる。

2 事務の委託は、都道府県相互間及び市町村相互間において行うことができるが、都道府県と市町村の間において行うことができない。

3 一部事務組合は、二つ以上の地方公共団体がその事務の一部を共同して処理するために設ける組織であり、普通地方公共団体に区分される。

4 機関の共同設置において、共同設置された機関は、それぞれの地方公共団体の機関としての性格を有し、その行為はそれぞれの地方公共団体に帰属する。

5 職員の派遣において、派遣された職員は、派遣を受けた地方公共団体の職員の身分を有することになり、派遣した地方公共団体の職員の身分を当然に失う。

解説24

1 **誤り**。協議会はそれ自体、法人格を有するものではないと解されており、協議会が関係普通地方公共団体等の名においてした事務の管理及び執行は、関係普通地方公共団体の長その他執行機関が管理し及び執行したものとしての効力を有する（法第252条の5）。

2 **誤り**。普通地方公共団体は、事務の一部を他の普通地方公共団体に委託することができるので、都道府県と市町村の間においても行うことができる（法第252条の14第1項）。

3 **誤り**。地方公共団体の組合として、特別地方公共団体に区分されている（法第1条の3第3項）。

4 **正しい**（法第252条の12）。

5 **誤り**。派遣された職員は、当該職員を派遣した普通地方公共団体と派遣を受けた普通地方公共団体の職員の身分をあわせ有することとなる（法第252条の17第2項）。

正答　4

問題25
都区協議会に関する記述として、地方自治法上、妥当なのはどれか。

1 都区協議会は、都と特別区の間の連絡調整を図るために設置されたもの

であり、特別区相互の間の連絡調整を図るためのものではない。

2　都区協議会は、地方自治法の規定により設置される都及び特別区の附属
機関である。

3　都区協議会は、必要があると認めるときは、関係のある公の機関の長に
対し、資料の提出、意見の開陳、説明その他必要な協力を求めることがで
きる。

4　都区協議会に関し必要な事項は、地方自治法及び地方自治法施行令に定
めるものを除き、都知事が定める。

5　都区協議会は、都知事及び都知事が指名する者並びに特別区長により構
成し、会長は、都知事をもって充てる。

解説25

1　**誤り。**都区協議会は、都及び特別区の事務処理について、都と特別区及
び特別区相互の間の連絡調整を図るために設置される（法第282条の2第
1項）。

2　**誤り。**都区協議会は、法第252条の2の2に規定する協議会のうち事務
の管理及び執行について連絡調整を図るための協議会に類するものであ
り、附属機関（法第138条の4第3項）ではない。

3　**正しい。**都区協議会に関し必要な事項は政令で定められる（法第282条
の2第3項）。令第210条の16第8項はこのように規定している。

4　**誤り。**都区協議会に関し必要な事項は、政令で定められる（法第282条
の2第3項）。

5　**誤り。**都区協議会の会長は、委員の互選により定められる（法第282条
の2第3項及び令第210条の16第5項・第6項）。

正答　3

第5節 地方公務員制度

地方公務員法は、任用、勤務条件、分限、服務等の基本事項を定めた法律です。仕事をしていく上で基本となる重要な法律ですから、基礎知識を押さえた上で、繰り返し問題集に取り組み、正しい知識を身に着けてください。

出題傾向と勉強方法

　地方公務員法は、全65条と条文数が少ない割に出題数が多いため、各条から幅広く出題されています。中でも「任用」「服務」「分限及び懲戒」に関する問題は頻出で、毎年必ず出題されています。

　問題によっては、関係法令や行政実例等の知識まで必要になるものもあり、総合的に理解しておく必要がある一方で、条文の細かな点まで問われる選択肢もあるので、知識の正確性も必要になります。

　学習にあたっては、過去問から出題傾向や特徴を確認し、参考書で基本的な論点を押さえながら、問題集を繰り返し解いてください。

　地方公務員法は平成29年5月に改正（令和2年4月1日施行）されていますので、その内容である、特別職の任用及び臨時的任用の厳格化、「会計年度任用職員」の創設による一般職の非常勤職員の任用等に関する制度の明確化についても、きちんと押さえておきましょう。また、令和3年6月改正（令和5年4月1日施行）では、地方公務員の定年引き上げに関する事項も規定されております。まだ施行までに相当の期間がありますが、知識として押さえておきましょう。

　以下に参考図書を紹介します。

○**問題集**

『地方公務員法101問』学陽書房

『地方公務員法　実戦150題』都政新報社

『これで完璧地方公務員法200問』学陽書房

『地方公務員法基本問題集300問』公人の友社

『1日10分地方公務員法』都政新報社

○**参考書**

『地方公務員法の要点』学陽書房

『完全整理　図表でわかる地方公務員法』学陽書房

『楽しく学べる「地方公務員法」教室』公職研

問題 1　　地方公務員に関する記述として、妥当なのはどれか。

1　地方公務員には原則として労働基準法が適用されるが、職務の性質により必要な適用除外規定が地方公務員法に設けられている。

2　地方独立行政法人法に定める特定地方独立行政法人の役員及び職員のうち、役員は地方公務員ではないが、職員は特別職の地方公務員である。

3　労働組合法及び労働関係調整法は、単純労務職員に適用されるが、地方公営企業の職員には適用されない。

4　条例等により地方公営企業法第4章の規定が適用される病院事業に勤務する職員は、地方公営企業法上の企業職員であるが、地方公営企業等の労働関係に関する法律の適用を受けない。

5　地方教育行政の組織及び運営に関する法律では、県費負担教職員等の教育公務員の職務と責任の特殊性に基づき、教育公務員の任免、分限、懲戒、服務、研修等について定めている。

解説 1

1　**正しい。**

2　**誤り。**地方独立行政法人法に定める特定地方独立行政法人の役員及び職員については、いずれも地方公務員である（地方独立行政法人法第2条第2項）。

3　**誤り。**地方公営企業職員にも労働組合法及び労働関係調整法が適用される。

4　**誤り。**地方公営企業法上の企業職員については、地方公営企業等の労働

関係に関する法律の適用を受ける（地方公営企業法第36条）。

5 **誤り。**教育公務員の職務とその責任の特殊性に基づき、教育公務員の任免、人事評価、給与、分限、懲戒、服務及び研修等について規定しているのは、教育公務員特例法である。

正答 1

問題2 普通地方公共団体における任命権者に関する記述として妥当なのは、次のどれか。

1 任命権者は、人事評価を行うなどの権限を有するが、営利企業等に従事する許可を与えるのは人事委員会の専管事項となっている。

2 任命権者は、地方公共団体の長や選挙管理委員会など地方公共団体の執行機関であり、地方公営企業管理者など長の補助機関は任命権を有しない。

3 任命権者は、議会の事務局の職員にあっては議会の事務局長であり、この職員の勤務条件については議会規則で定めることとされている。

4 任命権者は、任命権の一部を補助機関である上級の地方公務員に委任することができるが、この上級の地方公務員には特別職も含まれる。

5 任命権者は、県費負担教職員にあっては都道府県の教育委員会であるが、この教職員の勤務条件については市町村の長が規則で定めることとされている。

解説2

1 **誤り。**営利企業等に従事する許可は、任命権者が与える。人事委員会は、任命権者がその許可を与える場合の基準を規則により定めることができる。

2 **誤り。**任命権者は必ずしも執行機関であるとは限らない。地方公営企業管理者も任命権を有している。東京都の場合は交通局長、水道局長、下水道局長がこれにあたる。

3 **誤り。**議会の事務局の職員の任命権者は、議会の議長である。また、勤務条件は条例で定めることとされている。

4 **正しい。**ここで言う「地方公務員」とは、一般職の地方公務員に限られ

るものではなく、副知事、副市町村長など特別職である地方公務員も含む。

5　**誤り**。勤務条件は、3と同じく条例で定めることとされている。

正答　**4**

問題3　地方公務員法に定める人事委員会または公平委員会に関する記述として妥当なのは、次のどれか。

1　公平委員会は、人事行政の能率性、科学性、公平性を保障する機関として、準司法的作用と準立法的作用を行うが行政作用は行わない。

2　人事委員会は、政令指定都市を除く市町村においては設置することができないが、一部事務組合においては設置することができる。

3　公平委員会は、毎年少なくとも1回、給料表が適当であるかどうかについて、地方公共団体の議会及び長に報告することとされている。

4　人事委員会は、都道府県に必置の機関であるが、政令指定都市については人事委員会または公平委員会のいずれかを設置することとされている。

5　人事委員会は、3人の委員によって構成される合議制の行政機関であり、公平委員会も同じ構成をとる合議制の行政機関である。

解説3

1　**誤り**。公平委員会にも職員団体の登録など行政的権限がある（地公法第8条第2項第4号、地公法第53条第1項）。

2　**誤り**。人口15万人以上の市においては、人事委員会または公平委員会を置くものとされている（地公法第7条第2項）。また地方公共団体の組合においては、公平委員会を置くものとされている（地公法第7条第3項）。

3　**誤り**。人事委員会にのみ認められた権限であり（地公法第26条）、公平委員会には給料表に関する報告の権限はない（地公法第8条第2項）。

4　**誤り**。人事委員会は、政令指定都市においても必置の機関である（地公法第7条第1項）。

5　**正しい**（地公法第9条の2第1項）。

正答　**5**

4　地方公務員法に定める任用に関する記述として、妥当なのは次のどれか。

1　人事委員会を置く地方公共団体においては、職員の採用については選考により行わなければならない。
2　職員の任用は、受験成績人事評価または資格や免許を有することなどの能力の実証に基づいて行わなければならない。
3　任命権者は、当該地方公共団体において分限免職の処分を受け、当該処分の日から3年を経過しない者を任用することはできない。
4　欠格条項に該当する者は、採用試験を受験することはできないが、現に職員である者が欠格条項に該当しても昇任試験を受験することができる。
5　任命権者は、職員の職に欠員を生じた場合、採用または昇任以外の方法によって、職員を任命することはできない。

解説　**4**

1　**誤り**。人事委員会を置く地方公共団体においては、職員の採用は、人事委員会規則で選考によることを定めた場合を除き、競争試験による（地公法第17条の2第1項）。
2　**正しい**（地公法第15条）。
3　**誤り**。当該地方公共団体において懲戒免職の処分を受け、当該処分の日から2年を経過しない者は欠格条項に該当するが（地公法第16条第3号）、地公法上本選択肢のような規定はない。
4　**誤り**。職員は地公法第16条の欠格条項に該当する場合には、条例に特別の定めのある場合を除くほか、直ちにその職を失うこととなる（地公法第28条第4項）。したがって、昇任試験を受験することもできない。
5　**誤り**。職員の職に欠員を生じた場合、任命権者は採用、昇任、降任または転任のいずれかの方法により、職員を任命することができる（地公法第17条第1項）。

正答　2

問題5 地方公務員法に定める競争試験及び選考に関する記述として、妥当なのはどれか。

1 採用試験は、受験資格を有する全ての国民に対して平等の条件で公開されなければならない。

2 選考は受験者が複数の場合には、筆記試験等の方法により成績によって順位が定められ、採用候補者名簿が作成される。

3 職員の採用は、人事委員会を置く地方公共団体においては競争試験を原則とし、人事委員会の規則で定めた場合に選考によることができるが、人事委員会を置かない地方公共団体においては選考によることはできない。

4 人事委員会を置く地方公共団体において、採用試験による職員の採用について、人事委員会は採用候補者名簿を作成しなければならず、名簿には採用試験の合格点以上を得た者の氏名及び得点をその得点順に記載しなければならない。

5 採用試験または選考を実施する機関は、人事委員会を置く地方公共団体では当該人事委員会であり、人事委員会を置かない地方公共団体では任命権者とされ、他の地方公共団体の機関に採用試験または選考を委託することはできない。

解説5

1 **正しい**（地公法第18条の2）。

2 **誤り**。選考の場合は、順位を定めたり、採用候補者名簿を作成したりする必要はない。

3 **誤り**。前半は正しい（地公法第17条の2第1項）が、人事委員会を置かない地方公共団体は競争試験または選考により採用できる（地公法第17条の2第2項）。

4 **誤り**。前半は正しい（地公法第21条第1項）が、26年改正で採用候補者名簿の提示の仕組みが改められ、名簿を得点順に記載する必要はなくなった（地公法第21条第2項）。

5 **誤り**。公平委員会も採用試験または選考を実施可能であり（地公法第9

99

条)、他の地方公共団体に委託することも可能（地公法第18条）。

正答　1

問題6　　地方公務員法に定める欠格条項に関する記述として妥当なのは、次のどれか。

1　日本国憲法またはその下に成立した政府を暴力で破壊することを主張する政党その他の団体に属する者は、欠格条項に該当するが、これらの団体を脱退した場合は、地方公共団体の職員となる資格を回復する。
2　成年被後見人または被保佐人は、法律上の行為能力を完全には認められない場合があるため欠格条項に該当する。
3　地方公共団体の職員が、禁錮以上の刑に処せられた場合は、直ちにその職を失い、刑の執行を終わり、またはその執行を受けることがなくなった場合でも、再び職員となることはできない。
4　欠格条項に該当する者は、職員となることや競争試験選考を受けることができず、現に職員である者が欠格条項に該当するに至ったときは、条例に特別の定めがある場合を除き、任命権者による処分を要することなく失職する。
5　欠格条項に該当する者が誤って採用された場合、採用は無効であり、その者が受けた給料は不当利得として返還しなければならないが、その者の行った行為は事実上の公務員の理論により有効とされる。

解説6

1　**誤り。**これらの団体を脱退した場合でも欠格条項に該当する（地公法第16条第4号）。
2　**誤り。**令和元年の地方公務員法改正により、成年被後見人または被保佐人については、欠格条項から削除されている（地公法第16条）。
3　**誤り。**欠格条項に該当するのは、禁錮以上の刑に処せられ、その執行を終わるまでまたはその執行を受けることのなくなるまでの者である（地公法第16条第1号）。
4　**正しい。**職員になった後においても、当然にその職を失う（地公法第28条第4項）。

5　**誤り。**その間に支払われた給料は、その間労務の提供があるので返還の必要はない（行実昭41.3.31）。

正答　4

問題 7　　地方公務員法に定める条件付採用に関する記述として妥当なのは、次のどれか。

1　条件付採用期間中の職員は、原則として正式採用された職員と同一の勤務条件が保証されているが、勤務条件に関する措置要求を行うことはできない。

2　条件付採用期間中の職員は、6カ月間が条件付採用の期間とされているが、任命権者が特に認めた場合には、この期間は短縮される。

3　条件付採用期間中の職員は、その期間中に不利益処分を受けても、任命権者に対して当該処分の事由を記載した説明書の交付を請求することはできない。

4　条件付採用期間中の職員は、その期間を経過した後に正式採用されるには、任命権者による別段の発令行為が必要と解されている。

5　条件付採用期間中の職員は、法律で定める事由によらなければ降任または免職に処されることはない。

解説 7

1　**誤り。**勤務条件に関する措置要求は可能である。

2　**誤り。**条件付採用の期間の延長は可能だが、短縮できる旨の規定はない。

3　**正しい。**地公法第29条の2により、不利益処分に関する説明書の交付請求（地公法第49条第2項）についても適用除外とされている。

4　**誤り。**正式採用にあたっては、別段の発令行為を要しない。

5　**誤り。**ただし、免職する場合、解雇予告制度の適用があるとされている（行実昭38.11.4）。なお、条件付採用期間中に行われた解雇予告であっても、それが正式任用後に発効する場合は、改めて分限免職の手続きをとる必要が生じる。

正答　3

101

問題 8　地方公務員法に定める人事評価に関する記述として、妥当なのはどれか。

1　人事評価は、職員がその職務を遂行するに当たり発揮した能力のみを把握したうえで行われる勤務成績の評価であり、職員が挙げた業績は評価の対象としないこととされている。
2　人事評価の基準及び方法に関する事項その他人事評価に関して必要な事項は、任命権者が定める。
3　特別職も含めた全ての地方公務員が人事評価の対象となる。
4　任命権者は、人事評価の結果に応じた措置を講じる必要はない。
5　人事評価は、任用、給与その他の人事管理の基礎として活用するものとされており、分限を目的とした活用については地方公務員法上規定されていない。

解説 8

1　**誤り**。人事評価は、能力評価と業績評価の両面から行うものとされている（地公法第6条）。
2　**正しい**（地公法第23条の2第2項）。
3　**誤り**。人事評価は職員の勤務成績の評価であり、ここでいう職員とは、地公法第4条に規定する、一般職に属する全ての地方公務員である。
4　**誤り**。任命権者は、人事評価の結果に応じた措置を講じなければならない（地公法第23条の3）。
5　**誤り**。分限においても人事評価を活用するものと規定されている（地公法第23条第2項）。

正答　2

問題 9　地方公務員法に定める失職に関する記述として妥当なのは次のどれか。ただし、条例による特別の定めはないものとする。

1　職員が心身の故障のため休職処分を受け、当該処分の日から2年を経過してもなお休職事由が消滅しない場合には、当該職員はその期間満了の日

をもって失職する。

2 職員が一定の職に就き、かつその職務を遂行するうえで必要な資格免許を失ったときは、理由のいかんにかかわらず、当該職員は採用された日に遡及して失職する。

3 職員が刑事事件に関し懲役刑に処せられたときは、その執行を受けず刑の執行猶予中の場合であっても、当該職員は判決確定の日をもって失職する。

4 職員が他の地方公共団体において懲戒免職の処分を受け、当該処分の日から3年を経過していないことが明らかになった場合には、当該職員は採用された日に遡及して失職する。

5 職員が全体の奉仕者たるにふさわしくない非行を行ったことが明らかになった場合には、当該職員はそれが明らかになった日をもって失職する。

解説9

1 **誤り。**都の給与条例には、心身の故障のため休職となった場合、その期間が2年に達するまでは一定の給与が支給されるという規定はあるが、単に休職期間が2年を超過してなお休職事由が消滅しないからといって失職することはない。

2 **誤り。**採用日に遡及するのではなく、資格喪失日に失職するとする。

3 **正しい。**執行猶予中の者であっても欠格条項に該当し（地公法第16条第1号）、判決確定の日をもって失職する。

4 **誤り。**懲戒免職の処分を受け2年を経過しない者であっても、当該処分を受けた地方公共団体以外の地方公共団体の職員となることは差し支えない。

5 **誤り。**全体の奉仕者たるにふさわしくない非行があった場合とは、懲戒処分の事由の一つであり、これだけでは失職とはならない。

正答 3

問題10

地方公務員法に定める信用失墜行為の禁止に関する記述として妥当なのは次のどれか。

1 職員が信用失墜行為の禁止に違反したときは、地方公務員法上の罰則の適用はないが、その違反した行為が刑法に定める罪に該当する場合に限

り、懲戒処分の対象となる。

2　職員が信用失墜行為の禁止に違反したときは、地方公務員法上の罰則の適用はないが、その違反した行為が職務に関連しない行為であっても、懲戒処分の対象となることがある。

3　職員が信用失墜行為の禁止に違反したときは、地方公務員法上の罰則が適用され、その違反した行為が職務に関連する場合は懲戒処分の対象となり、職務に関連しない場合は分限処分の対象となる。

4　職員が信用失墜行為の禁止に違反したときは、その違反した行為が職務に関連する場合は地方公務員法上の罰則が適用されるが、職務に関連しない場合は地方公務員法上の罰則が適用されない。

5　職員が信用失墜行為の禁止に違反したときは、地方公務員法上の罰則が適用されるが、その違反した行為が破廉恥罪に該当する場合は、刑法その他の刑罰規定が優先して適用される。

解説10

1　**誤り。**刑法に定める罰に該当しなくても、全体の奉仕者たるにふさわしくない非行のあった場合に該当する場合は、懲戒処分の対象となる。

2　**正しい。**

3　**誤り。**「その職の信用を傷つける行為」と「職員の職全体の不名誉となるような行為」とは、ともに信用失墜行為の禁止にあたり、地公法第29条第1項第3号の懲戒規定が適用される。

4　**誤り。**職務の内外を問わず、職員の職の信用を傷つけ、または職員の職全体の不名誉となるような行為を禁止している（地公法第33条）。

5　**誤り。**懲戒処分と刑事罰とは目的が異なるため、同一事件につき懲戒処分と刑事罰を重複して科しても、憲法第39条の二重処罰の禁止には当たらない。

正答　2

問題11　地方公務員法に定める職員の政治的行為の制限に関する記述として、妥当なのはどれか。

1 職員は、当該職員の属する地方公共団体の区域の内外を問わず、公の選挙で特定の候補者に投票するように、勧誘運動をしてはならない。

2 職員は、当該職員の属する地方公共団体の区域の内外を問わず、特定の政党の構成員となるように、またはならないように、勧誘運動をしてはならない。

3 職員は、当該職員の属する地方公共団体の区域内において、特定政党を支持する目的をもって、寄付金を与えてはならない。

4 職員は、当該職員の属する地方公共団体の区域外において、一定の政治目的をもって、文書または図画を地方公共団体の庁舎、施設に掲示することができる。

5 職員は、当該職員の属する地方公共団体の区域の内外を問わず、特定の地方公共団体の執行機関に反対する目的で、署名運動を企画することができる。

解説11

1 **誤り。**公の選挙の勧誘活動は区域内のみ禁止とされている（地公法第36条第2項第1号）。

2 **正しい。**

3 **誤り。**寄附の募集活動の計画、主催等は禁止されているが、単に寄附を与える程度は可能である（地公法第36条第2項第3号）。

4 **誤り。**区域内外を問わず禁止とされている（地公法第36条第2項第4号）。

5 **誤り。**署名運動の企画は区域内のみ禁止とされている（地公法第36条第2項第2号）。

正答　2

問題12 地方公務員法に定める職員団体のための職員の行為の制限に関する記述として、妥当なのは次のどれか。

1 在籍専従の許可を受けた職員は、その許可が効力を有する間、任命権者からいかなる給与も支給されず、その期間は、退職手当の算定基礎となる勤続期間に算入されない。

2　任命権者は、職員の労働基本権を保障するため、登録を受けていない職員団体の役員として専ら活動する職員に対しても、その職員から申請があれば、在籍専従の許可を与えなければならない。

3　任命権者は、在籍専従の職員以外の職員が、給与を受けながら職員団体のために活動することは、いかなる場合も認めることはできない。

4　在籍専従の許可を受けた職員は、職員としての身分を保有しないので、在籍専従の期間中に職員に対して行われる昇任試験を受験することはできない。

5　任命権者は、在籍専従の職員に対して、職員としての在職期間を通じて10年を超えない範囲内であれば、在籍専従の許可の更新を拒んではならない。

解説12

1　**正しい**（地公法第55条の2第5項）。

2　**誤り**。在籍専従の許可は、登録を受けた職員団体の役員のみである（地公法第55条の2第1項）。

3　**誤り**。職員は、条例で定めれば、給与を受けながら、職員団体のためその業務を行い、また活動することができる（地公法第55条の2第6項）。

4　**誤り**。在籍専従の許可を受けた職員は、職員としての身分を保有する。

5　**誤り**。在籍専従の期間は職員としての在職期間を通じて7年以下の範囲内で人事委員会規則または公平委員会規則で定める期間である（地公法附則第20項）。職員としての期間は、異なる地方公共団体であれ、あるいは職員団体と労働組合のものであれ、これを合算して7年を超えることができない。

正答　1

問題13

地方公務員法に定める公務災害補償に関する記述として、妥当なのは次のどれか。

1　公務上の災害については、災害が使用者の支配管理下で発生したという業務遂行性と、災害の発生が職務遂行と相当因果関係にあるという業務起

因性をもつことが認定の要件である。

2　地方公務員災害補償基金が行う補償制度の対象は、一般職、特別職を問わず、全ての常勤職員及び全ての非常勤職員である。

3　公務上の災害の認定については、使用者である地方公共団体の過失責任主義が採られており、補償の対象には、身体的損害のほか物的損害も含まれる。

4　通勤途上の災害については、往復の経路の逸脱または中断があったときは、その理由と程度を問わず、逸脱または中断の後の経路で起きた災害は、公務災害に認定されない。

5　職員が公務運営上の必要により入居が義務づけられている宿舎において、宿舎の瑕疵によって負った負傷については、公務上の災害にはならず、民法上の損害賠償制度の対象となる。

解説13　1　**正しい**（最判昭51.11.12）。

2　**誤り**。地方公務員災害補償基金が行う補償制度の対象となる職員は、常時勤務に服することを要する地方公務員であり、一般職、特別職を問わない。非常勤職員のうち、議会の議員や行政委員会の委員、嘱託員などについては、条例で公務災害補償制度を定めなければならないものとされている（地方公務員災害補償法第69条）。

3　**誤り**。公務災害の認定については、地方公共団体の無過失責任主義が採られ、また補償の対象には物的損害は含まれない。

4　**誤り**。往復の経路の逸脱または中断が、日用品の購入など日常生活上やむを得ない理由による最小限のものである場合は、通勤途上の災害となり得る（地方公務員災害補償法第2条第3項）。

5　**誤り**。公務上の災害となり得る（地方公務員災害補償基金の認定基準）。

正答　1

問題14　都職員の職務に専念する義務に関する記述として妥当なのは次のどれか。

1　職員は、勤務時間中には職務に専念する義務を有しているが、この勤務

時間とは条例に基づいて定められた正規の勤務時間であり、時間外勤務または休日勤務を命じられた時間はこの勤務時間には含まれない。

2 職員は、勤務に対して給与を支給されるが、選挙権の行使のために職務専念義務を免除された勤務時間については、給与の支給を受けることはできない。

3 職員は、都の条例または規則に基づいてその職務に専念する義務を免除されることはないが、法律に特別の定めがある場合にはその職務に専念する義務を免除されることができる。

4 職員は、研修を受ける場合またはその職務と関連を有する公益に関する団体の事務に従事する場合には、あらかじめ任命権者の承認を得て、その職務に専念する義務を免除されることができる。

5 職員は、都がなすべき責を有する職務に専念しなければならないが、その専念すべき職務には法令により国から東京都に処理を委任された事務は含まれない。

解説14

1 **誤り**。時間外勤務、休日勤務を命じられた時間も勤務時間に含まれる。

2 **誤り**。都においては、選挙権行使のための職務専念義務免除について、給与減額免除が認められている。

3 **誤り**。法律または条例に特別な定めがある場合に免除されることができる。

4 **正しい**。「職員の職務に専念する義務の特例に関する条例」及び人事委員会規則。

5 **誤り**。法定受託事務（自治法第2条第9項）も含まれる。

正答　4

問題15

地方公務員法に定める職員の研修に関する記述として、妥当なのは次のどれか。

1 地方公務員法には、職員は全体の奉仕者としての職務能率を向上させるため、自己啓発に努めなければならないと規定されている。

2　研修は、職務に付随して行われるものであるから必ず職務命令の形式を
　とらなければならない。
3　研修は、任命権者が自ら主催して行うものであり、特定の教育機関に入
　所を命じる場合は研修に該当しない。
4　人事委員会は、研修に関する計画の立案その他研修の方法について任命
　権者に対し勧告することができる。
5　人事委員会は、研修の目標、研修に関する計画の指針となるべき事項、
　その他研修に関する基本的な方針を定めなければならない。

解説15

1　**誤り**。職員が自己啓発に努めることは当然のことであるので地方公務員
　法には規定されていない。なお、職員には研修を受ける機会が与えられな
　ければならず（地公法第39条第1項）、任命権者には研修を行う責務があ
　る（地公法第39条第2項）。
2　**誤り**。研修を職員に参加させる場合の身分取り扱いとしては、職務命令
　により職務の一環として参加させる方法のほか、職務専念義務を免除する
　方法や休職処分に付して参加させる方法もある。
3　**誤り**。研修は任命権者が行うものであるが、任命権者が自ら主催して行
　う場合に限らず、他の機関に委託して行う場合や特定の教育機関への入所
　を命じる場合も含まれる。
4　**正しい**。人事委員会は勧告することができる（地公法第39条第4項）。
5　**誤り**。基本的な方針等を定めるのは地方公共団体である（地公法第39
　条第3項）。

正答　4

問題16　地方公務員法に定める職務上の義務に関する記述として妥当な
のは次のどれか。

1　職員は、上司の職務上の命令に従う義務があるが、職務上の命令は、職
　務上の上司と身分上の上司のいずれもが発することができる。
2　階層的に上下の関係に立つ2人以上の上司の発した職務命令が矛盾する

ときは、上級の上司の命令が優先する。

3 職員は、職務上の上司からの命令が明らかに違法である場合でも、意見を述べることはできるが、その命令には従わなければならない。

4 職務命令は、職務の遂行そのものに直接関係あるものに限られ、職務遂行上必要がある場合でも、生活行動上の制限に及ぶことはない。

5 職務命令は文書により行わなければならず、その手続き及び形式は条例により定めることとされている。

解説16

1 **誤り。**職務上の命令は、あくまでも職務上の上司から発せられるものである。

2 **正しい。**

3 **誤り。**重大かつ明白な瑕疵を有する上司の職務命令は当然無効であり、当該命令に従う義務はない。

4 **誤り。**例えば職務上の必要により公舎に居住するような命令は生活行動上の制限を伴う職務命令といえる。

5 **誤り。**職務命令は要式行為ではなく、口頭でも文書でも自由で、特段の制限はない。

正答　2

問題17 地方公務員法に定める会計年度任用職員制度に関する記述として、妥当なのはどれか。

1 会計年度任用職員は、常勤職員と同様に、条件付採用期間の制度が適用され、条件付採用期間は3カ月である。

2 会計年度任用職員は、勤務時間の長短にかかわらず、営利企業への従事等の制限の対象となる。

3 会計年度任用職員は、設置された職ごとに任用期間が異なることから人事評価の対象とはならない。

4 会計年度任用職員の募集及び採用は、平等取り扱いの原則を踏まえ、年齢や性別にかかわりなく均等な機会を与えなければならない。

5 会計年度任用職員の募集及び採用は、任期の定めのない常勤職員と同様に、競争試験によることが原則である。

解説17

1 **誤り。**会計年度任用職員の条件付採用期間は、1カ月である（地公法第22条の2第7項）。
2 **誤り。**パートタイムの会計年度任用職員は、営利企業への従事等の制限の対象外である（地公法第38条第1項）。
3 **誤り。**一般職である会計年度任用職員は、人事評価の対象となる（地公法第23条の2）。
4 **正しい。**
5 **誤り。**会計年度任用職員の募集や採用は、競争試験または選考による（地公法第22条の2第1項）。よって、選考で面接や書類選考等による能力実証の方法によることができる。

正答 4

問題18 地方公務員法に定める退職管理に関する記述として、妥当なのは次のどれか。

1 職員が再就職者から働きかけを受けた場合、不正な行為を伴う働きかけでなければ、人事委員会または公平委員会に対しての届け出は必要ない。
2 在職していた地方公共団体の現役職員に対して、契約・処分であって離職前5年間の職務に属するものに関し、離職後2年間、職務上の行為をするように、またはしないように要求・依頼した再就職者には刑罰または過料が科される。
3 再就職情報の任命権者への届け出はあくまで個人の判断によるものであり、条例において義務を付けることはできない。
4 不正な行為を伴わない働きかけであれば、これに応じた現役職員について、罰則・処分を受けることはない。
5 在職していた地方公共団体の現役職員に対し、職務上不正な行為をするように働きかけた再就職者について、罰金刑を科されることはあるが懲役

刑を科されることはない。

解説18

1 **誤り。** 再就職者から働きかけを受けた場合は、不正な行為を伴わない働きかけであっても、人事委員会または公平委員会に届け出をする必要がある。なお、再就職後の行為が規制される営利企業等には国、国際機関、地方公共団体、独立行政法人通則法第2条第4項に規定する行政執行法人及び特定地方独立行政法人は含まれない。

2 **正しい。** 不正な行為がない場合であっても過料が科される。

3 **誤り。** 再就職情報の届け出義務を条例で定めることは可能であり、届け出義務の違反者には、10万円以下の過料を科すこともできる。

4 **誤り。** 不正な行為を伴わない働きかけであっても、応じた現役職員は懲戒処分の対象となる。

5 **誤り。** 不正な行為をするように働きかけた再就職者は、1年以下の懲役または50万円以下の罰金を科される。

正答　2

問題19　地方公務員法に定める勤務条件に関する措置の要求に関する記述として妥当なのは、次のどれか。

1 措置要求は、職員が当該職員の不利益処分について人事委員会または公平委員会に対し、議会が適当な措置を執るよう要求するものである。

2 措置要求は、職員団体が職員の不利益処分について監査委員に対し、地方公共団体の当局が適当な措置を執るよう要求するものである。

3 措置要求は、職員団体が勤務条件について地方労働委員会に対し、地方公共団体の当局が適当な措置を執るよう要求するものである。

4 措置要求は、職員が勤務条件について人事委員会または公平委員会に対し、地方公共団体の当局が適当な措置を執るよう要求するものである。

5 措置要求は、職員が勤務条件について地方労働委員会に対し、議会が適当な措置を執るよう要求するものである。

解説19

1 **誤り。**不利益処分ではなく勤務条件である。ちなみに、不利益処分については、不利益処分に関する審査請求を行うことになる。また、議会ではなく地方公共団体の当局である。

2 **誤り。**職員団体ではなく職員、不利益処分ではなく勤務条件、監査委員ではなく人事委員会または公平委員会である。

3 **誤り。**職員団体ではなく職員、地方労働委員会ではなく人事委員会または公平委員会である。

4 **正しい。**

5 **誤り。**地方労働委員会ではなく人事委員会または公平委員会、議会ではなく、地方公共団体の当局である。

正答　4

問題20　地方公務員法に定める不利益処分に関する審査請求に関する記述として妥当なのは、次のどれか。

1 職員は、給与、勤務時間その他の勤務条件に関し不利益処分を受けた場合には、労働基準監督署に対して審査請求を行うことができ、また職員団体もこれを行うことができる。

2 職員は、懲戒その他の不利益処分を受けた場合には、地方労働委員会に対し審査請求を行うことができ、また条件付採用期間中の職員もこれを行うことができる。

3 職員は、給与、勤務時間その他の勤務条件に関し不利益処分を受けた場合には、任命権者に対して審査請求を行うことができ、また臨時的任用職員もこれを行うことができる。

4 任命権者は、審査機関が不利益処分について取り消しの判定をした場合には、その判定に従った効力が生じるため、必ずしも当該不利益処分を取り消す処分を改めて行う必要はない。

5 任命権者は、審査機関の判定に対して不服がある場合には、直接に裁判所に対して判定の取り消しの訴えを提起することができ、必ずしも審査機関に対する再審の手続きを経る必要はない。

113

解説**20**

1 **誤り**。審査請求は、人事委員会または公平委員会に行うものである。また職員団体は、審査請求を行うことはできない。

2 **誤り**。審査請求は、人事委員会または公平委員会に対してのみ行うことができる。また、条件付採用期間中の職員には、審査請求制度の適用はない。

3 **誤り**。審査請求とは、任命権者から、懲戒その他その意に反すると認める不利益な処分を受けた職員が、人事委員会または公平委員会に対して行うものである。また、臨時的任用職員は、審査請求を行うことができない。

4 **正しい**。処分の修正または取り消しの判定が行われたときは、その判定は形成的効力を有し、任命権者のなんらの処分を待つことなく判定に従った効力が生じる（行実昭27.9.20）。

5 **誤り**。任命権者は、人事委員会または公平委員会の判定について不服があっても出訴できない（行実昭27.1.9）。

正答　4

都政実務の出題数は、平成29年度から出題構成が変更になり、都政事情と合わせて20問になりました。都政実務が13問程度です。これまでと同様、択一試験の中で最も大きな割合を占める科目のため、確実に得点することが合格への必須条件です。都政実務は、内容の一部が地方自治制度や地方公務員制度と重複するなど出題範囲が広く、学習には多くの時間と労力が必要になります。過去の出題傾向をよく理解し、日々の業務との関連を考えながら学習を進め、職員としての基礎能力の向上につなげてください。

出題傾向

過去10年間の出題分野は117ページの表のとおりです。平成29年度に出題構成が見直されましたが、引き続き同じ分野から繰り返し出題されていることが分かります。特に「人事」「文書」「財務」は例年、出題数が多い主要分野ですので、重点的に学習しましょう。

また、「組織広報その他」の分野では、「広報・広聴」「個人情報保護制度」等に関する問題が頻出となっていることに加え、情報セキュリティーに関連した問題も多く出題されています。出題傾向を踏まえて、効率よく学習を進めていきしょう。

勉強の進め方

都政実務は『職員ハンドブック』から出題されます。よく聞く勉強法は『職員ハンドブック』を分野ごとに切り分け、マーカーを引きながら読み込むという方法です。しかし、分量が多いため、初めから『職員ハンドブック』を読んで暗記するやり方は効率的でありません。まずは、問題を実際に

解いてみることをお勧めします。試験では同じような問題が繰り返し出題されているため、最初に過去問や問題集で確認し、問題のイメージや問われるポイントをつかむことが大事です。

　問題ごとに『職員ハンドブック』の該当部分を読み、選択肢の一つひとつの正誤について、その理由を確認してください。「問題を解く」→「職員ハンドブックで確認する」という流れを繰り返すことで、理解を深めていくことができます。試験範囲を網羅した問題集を1冊準備し、このやり方を3回繰り返すことを目標にしましょう。

　また、解答を読む際は条文を確認し、理解を深めてください。これにより、法律等を確認する癖がつき、普段の業務に生かすことができます。出題分野の関連項目では、直近の実績や取り組み状況が東京都ホームページに掲載されるケースがあります。内容を確認し、最新の情報を得るようにしましょう。

第2章 択一式 教養問題A

過去10年の出題分野

分野	平成24年	25年	26年	27年	28年
都行財政	都と特別区	東京の歴史	行政委員会／都財政（都税等）	都と特別区	区市町村の人口と面積
人事	人事考課制度／給与／旅費／休日休暇	特別職と一般職／任用制度／勤務時間／職員団体	手当／旅費／公務災害補償／人事考課制度	給与／研修／休日休暇／汚職防止	一般職と特別職／勤務時間／厚生福利制度／人事考課制度
文書	起案と供覧／公告	事案決定／文書管理規則	文書管理規程・図書類規程／印刷物規程・図書類規程	文字・用語／文書管理規則	事案決定／公印
財務	予算／収入／契約／物品	予算／決算／一般競争入札／行政財産	収入／契約／債権	決算／支出／一般競争入札／物品	公会計制度／予算／契約／会計の検査、監督
組織広報その他	情報公開制度／組織原則・組織形態／情報セキュリティ／問題解決	個人情報保護制度／組織原則／都庁のIT化／問題解決のIT化	広報・広聴／組織形態／問題解決技法／情報セキュリティ	応対マナー／職場内コミュニケーション／PDCAサイクル／都庁のIT化	情報公開制度／組織原則・組織形態／問題解決技法／都庁のIT化

分野	29年	30年	令和元年	2年	3年
都行財政	東京の歴史	都と特別区	行政委員会／都財政（都税等）	都の組織	特別区
人事	任用制度／手当／旅費／研修	公務災害補償／給与／勤務時間／介護休暇	一般職と特別職／人事考課制度／コンプライアンス	任用制度／手当／研修	給与／勤務時間／職員団体
文書	文書の施行／文書等の整理・保存	事案決定／秘密文書	公印／文書の管理	起案・供給／公文書の整理・保存	事案決定
財務	特別会計／収入／契約／公有財産	特別会計／支出／決算／国庫支出金	一般競争入札／契約／物品	決算／収入／新公会計制度／債権	行政財産／予算／国庫支出金／会計の検査、監督
組織広報その他	情報セキュリティ対策／広報・広聴活動	都のIT基盤／個人情報保護制度	情報公開制度／問題解決技法／情報セキュリティ	個人情報保護制度／問題解決技法／都庁のIT化	情報公開制度／組織原則／情報セキュリティ

問題 1

都における市町村に関する記述として、妥当なのはどれか。

1 事務の共同処理のため、現在、病院やごみ処理施設等の設置及び管理を共同で行うための一部事務組合が設置されているが、広域連合については設置されていない。

2 島しょ地域は、伊豆諸島と小笠原諸島に分けられ、いずれも東京都離島振興計画に基づく各種振興事業の推進に努めている。

3 市の数は現在26であり、その人口や行財政能力にかかわらず、処理する事務の種類及び質は必要的事務を除き、同じである。

4 町の数は現在5であり、町としての要件は、地方自治法に定める人口要件、市街地要件のほか、都道府県の条例で定める付加要件を満たすように法定されている。

5 村の数は現在8であり、村としての要件は法律上定められておらず、町と村は名称が異なるだけで権能上の差はない。

解説 1

1 **誤り。**後期高齢者医療制度を運営するために、都内全区市町村で構成された後期高齢者医療広域連合を設置している。

2 **誤り。**東京都離島振興計画は、伊豆諸島の振興に関するものである。

3 **誤り。**必要的事務を除き、その処理する事務の種類及び質はそれぞれ異なる。

4 **誤り。**町となる要件は、都道府県の条例に包括的に委任されている。

5 **正しい。**

正答　5

問題 2

都の組織に関する記述として、妥当なのはどれか。

1 議会は、都の基本的な意思決定に係る機関であり、条例の制定改廃、予

算を定めること、決算の認定などの議決権を有するほか、国会及び関係行政庁への意見書提出権を有している。

2 議会の議長及び副議長の辞職には議会の許可が必要であるため、議会閉会中に議長及び副議長を辞職することはできない。

3 常任委員会は、執行機関の組織に対応した9つの委員会が置かれ、このうちの一つに議会運営委員会がある。

4 公営企業局に置かれる管理者は、知事から完全に独立した権限を有し、公営企業管理規程の制定、予算の調製、議案の提出などの権限が与えられている。

5 附属機関は、知事の権限に属する事務を分掌させるために設けられたものであり、知事の附属機関として副知事やその他の職員が置かれている。

解説2

1 **正しい。**

2 **誤り。**副議長は、議会閉会中は議長の許可を得て辞職することができる。

3 **誤り。**議会運営委員会は、9つの常任委員会とは別に置かれている。

4 **誤り。**予算の調製、議案の提出などは知事の権限として留保されている。

5 **誤り。**本肢は補助機関のことを説明している。附属機関は、執行機関の行政執行の前提として必要な調停、審査、審議、調査等を行うものである。

正答　1

問題3 都の行政委員会に関する記述として、妥当なのはどれか。

1 人事委員会は、地方公務員法に基づき設置され、人事委員は、人事院総裁の同意を得て知事が選任する。

2 選挙管理委員会は、公職選挙法に基づき設置され、選挙管理委員は、都議会の選挙により選任される。

3 教育委員会は、地方教育行政の組織及び運営に関する法律に基づき設置され、教育委員は、都議会の選挙により選任される。

4 公安委員会は、警察法に基づき設置され、公安委員は、都議会の同意を得て知事が選任する。

5　収用委員会は、都市計画法に基づき設置され、土地の収用に関し、知事の諮問に応じて意見を述べる。

1　**誤り**。人事委員は、都議会の同意を得て知事が選任する。
2　**誤り**。地方自治法に基づき設置される。
3　**誤り**。教育委員は、都議会の同意を得て知事が任命する。
4　**正しい**。
5　**誤り**。収用委員会は土地収用法に基づき設置され、土地の収用に関し裁決等を行う。

正答　4

　特別区に関する記述として、妥当なのはどれか。

1　都区協議会の委員は都知事及び都知事の補助機関の職員8人、区長9人で組織され、会長は知事と区長の代表者とで協議して定める。
2　特別区は、都の同意を得れば、市町村と同様に、法定外普通税及び法定外目的税を設けることができる。
3　特別区が地方債を発行する場合、総務大臣の許可が必要であり、自らの普通税の税率が標準税率未満である場合、起債の制限を受ける。
4　特別区は、原則として一般の市の事務を処理するが、行政の一体性及び統一性の確保の観点から、一体的な処理が必要な事務については都の事務とされている。
5　都の特別区は、基礎的な地方公共団体であり、区長の被選挙権は市長と同様、年齢満20歳以上、任期は4年とされている。

1　**誤り**。委員は知事及び知事の補助機関の職員7人、区長8人で組織され、会長は委員の互選により定める
2　**誤り**。特別区は市町村と同様、法定外普通税及び法定外目的税を設ける

ことができる。なお、かつては、特別区の法定外普通税の新設・変更には都の同意が必要とされていたが、平成12年4月の都区制度改革により廃止されている。

3 **誤り。**平成12年4月の都区制度改革により、起債の許可権者は、自治大臣から都知事へ変更されている。また、起債の制限については、特別区は自らの普通税のほかに、都区財政調整制度の調整税（特別土地保有税を除く）の税率が標準税率未満である場合に限り、起債の制限を受けることになった。

4 **正しい。**

5 **誤り。**区長の被選挙権は年齢満25歳以上、任期は4年である。

正答 4

問題5 東京の歴史に関する記述として、妥当なのはどれか。

1 明治31年11月に市制特例が廃止され、東京市は一般市制へと転換した。現在定められている「都民の日」は、このことにちなんだものである。

2 昭和7年、東京府5郡82町村（荏原郡、豊多摩郡、北豊島郡、南足立郡及び南葛飾郡）を東京市に編入し、その部分を15区に分割した。これにより、東京市は25区となった。

3 昭和18年7月、東京府と東京市を一体化した東京都制が施行され、都や区の自治権が広く認められることとなった。

4 昭和22年3月、区は35区から22区に再編され、同年5月、憲法及び自治法の施行に伴い、特別区は普通地方公共団体として位置づけられた。

5 昭和27年、大都市における行政の統一的かつ能率的な処理を確保する目的で、自治法が改正され、特別区は都の内部的団体に位置付けられた。

解説5

1 **誤り。**東京市が一般市制に転換したのは、明治31年の10月である。

2 **誤り。**東京府5郡82町村は20区に分割され、東京市は35区となった。

3 **誤り。**戦時下における地方に対する国家統制強化の一環として都制が施行されたことから、その内容は著しく中央集権的であった。

4　**誤り**。昭和22年5月に普通地方公共団体として位置付けられたのは東京都であり、特別区は特別地方公共団体として位置付けられた。

5　**正しい**。

正答　5

第6節⑵ 都政実務—**人事**

問題 **1**　都の職員の任用に関する記述として、妥当なのはどれか。

1　会計年度任用職員の任用に当たっては、いかなる場合であっても公募の上、選考による能力実証を経て行うこととしている。

2　降任には、職員の意に反する降任と職員の意に反しない降任とがある。後者の例として、幹部職員にのみ希望降任制度が実施されている。

3　転任とは、職員をその職員が現に任命されている職以外の職員の職に任命することであって、昇任及び降任に該当しないものをいう。

4　条件付採用は、試験または選考による能力実証を補完し、実務を通じて能力実証の完璧を期そうとする制度であるため、職員の採用は全て条件付とされる。

5　競争試験と選考は、いずれも能力を実証するための方法であり、両者間に本質的な相違はない。いずれも受験者を競争させ、順位を付け、選抜する方法である。

解説 **1**

1　**誤り**。能力実証を経た上で、最大４回まで公募によらない再度任用を行うことができる。

2　**誤り**。一般職員にも希望降任制度が実施されている。

3　**正しい**。

4　**誤り**。職員の採用は、臨時的任用または非常勤職員の任用の場合を除き、全て条件付きのものとされ、採用後、６月間、その職務を良好な成績で遂行したとき、初めて正式任用されるものである。

5　**誤り**。競争試験は、受験者に順位を付すが、選考は選考基準に適合しているかを判断するものであるため、順位は付さない。競争試験と選考は本質的な相違はない部分の記述は正しい説明である。

正答　3

都における職員の手当に関する記述として、妥当なのはどれか。

1 住居手当は、34歳に達する日以後の最初の3月31までの間に、自ら居住するための住宅の家賃を月額5万円以上支払っている職員に対して支給される手当であり、国の官舎、民間の社宅に入居している職員にも支給される。

2 特殊勤務手当は、離島その他生活の著しく不便な地に所在する公署として指定するものに勤務する職員に対し支給される手当であり、支給割合は公署ごとに定められている。

3 初任給調整手当は、民間企業の初任給との水準調整を図るとともに、公務に人材を広く誘致・確保するために支給される手当であり、支給期間は採用から2年間であり、支給期間中、一定の額が支給される。

4 退職手当には、退職時の給料月額に勤続期間に応じた支給率を乗じて計算される退職手当の基本額と、職責に応じたポイント制に基づく退職手当の調整額があり、普通退職の場合はいずれも支給される。

5 休日給とは、休日の勤務として正規の勤務時間中に勤務することを命ぜられた職員に対して支給される手当であり、休日の勤務であっても、それが正規の勤務時間外の場合は、超過勤務手当の対象の勤務となる。

解説2

1 **誤り。** 家賃の要件は月額1万5000円以上であり、都の公舎、国の官舎、民間の社宅等に入居している職員には、支給されない。

2 **誤り。** 特殊勤務手当は、著しく危険、不快等の勤務に対して支給されるものである。本肢は、特地勤務手当に関するものである。

3 **誤り。** 支給期間は、助産師、看護師等は5年、医師・歯科医師は40年である。また、手当額は一定でなく、経過年数に応じて減じながら支給される。

4 **誤り。** 退職手当の調整額は、定年退職等及び整理退職等の場合に支給され、いわゆる自己都合退職である普通退職の場合は支給されない。

5 **正しい。**

正答 5

問題3 都の職員の給与に関する記述として、妥当なのはどれか。

1 給料は、月の1日から末日までの期間につき、給料月額の全額が月1回支給され、その支給日は原則として毎月15日とされている。

2 給与とは、給料表に定める給料月額と給料の調整額を合わせたものをいい、諸手当を含まない。

3 初任給の級号給は、初任給規則で定められた初任給基準表により決定され、学歴や経験により調整されることはない。

4 地域手当は、民間における賃金、物価等に関する事情を考慮して支給される手当であり、一律に給料の20％の額が支給されている。

5 住居手当は、世帯主またはこれに準じる職員で、自ら居住する住宅を賃借する者であれば管理職であっても支給される。

解説3

1 **正しい。**

2 **誤り。**本肢の記述は、給料の説明である。給与とは、給料のほか、諸手当及び一定範囲の現物給与を含む概念である。

3 **誤り。**基準を超える有用な学歴・経験等がある場合は、それに応じ一定の調整が加えられる。

4 **誤り。**支給割合は地域ごとに定められている。なお、異動によって支給割合が減少する場合、異動の日から原則3年間、異動前の支給割合と同じ割合の地域手当を支給する。

5 **誤り。**管理職は対象から除かれている。

正答　1

問題4 都の職員の勤務時間等に関する記述として、妥当なのはどれか。

1 任命権者は、業務上必要があると判断した場合、自由に職員に対して宿日直勤務を命ずることができる。

2 勤務時間とは、職員が任命権者の指揮監督の下に職務に専念することを義務付けられている時間のことであり、超過勤務時間及び宿日直勤務時間

125

は含まない。

3　超過勤務は、任命権者が事前に超過勤務命令を行わない場合でも、事後に勤務の状況を確認できればよい。

4　週休日の変更は、真にやむをえない場合で、所属長が事前承認していれば、同一週内で行わなくてもよい。

5　休憩時間は必ず与えなければならず、職員は自己の時間として自由に利用することが保障されている。

解説 **4**

1　**誤り**。任命権者は、監督機関の許可を得て、職員に対して宿日直勤務を命ずることができる。

2　**誤り**。勤務時間には、正規の勤務時間のほか、超過勤務時間、宿日直勤務時間が含まれる。

3　**誤り**。原則として、職員に対して事前に超過勤務を命じ、事後に勤務の状況を確認しなければならない。

4　**誤り**。真にやむを得ない場合に限り、各局の人事担当課長に協議の上、前後2カ月の範囲内で週休日を変更することができる。

5　**正しい**。

正答　5

問題 **5**　都における職員の休日及び休暇に関する記述として、妥当なのはどれか。

1　休暇とは、一定の事由のある場合、職員が任命権者の承認を得て、勤務することを一時的に免除される勤務条件上の制度をいい、休暇の種類として、年次有給休暇、特別休暇、介護休暇の3つがある。

2　休日とは、特に勤務をすることを命ぜられる場合を除き、正規の勤務時間においても勤務することを要しない日をいい、都においては、国民の祝日に関する法律に規定する休日のみが該当する。

3　病気休暇は、特別休暇の一種であり、給与の減額を免除される期間は1回につき引き続く180日までとされ、その期間には週休日、休日は含まれ

ない。

4 病気休暇は、疾病等により療養する必要があり、勤務しないことが相当と認められる場合に承認するものであるが、ここでいう療養には、社会復帰のためのリハビリテーションやアルコール性疾患の治療は含まれない。

5 年次有給休暇は、職員の請求する時季に与えなければならないが、職務に支障のある場合には、他の時季に与えることができる。

解説 5

1 **誤り**。休暇の種類は、本肢の3種類に病気休暇、超勤代休時間を加えた5種類である。

2 **誤り**。本肢のものに加えて、12月29日から翌年の1月3日までの日、国の行事の行われる日で人事委員会の承認を経て東京都規則に定める日も休日に含まれる。

3 **誤り**。病気休暇は特別休暇ではない。また、給与の減額を免除される期間は、1回につき引き続く90日までであり、その期間には週休日、休日が含まれる。

4 **誤り**。リハビリテーションは療養に含まれる。また、アルコール性疾患のうち、一定の要件を満たすものは病気休暇を承認することができない。

5 **正しい**。

正答　5

問題 6 都における一般職員の人事考課制度に関する記述として、妥当なのはどれか。

1 自己申告制度においては、当初申告、中間申告及び最終申告において、所属課長と職員との面接を実施する。

2 毎年度3月31日を評定基準日とし、前回の評定基準日の翌日から今回の評定基準日までを評定対象期間とする。

3 第一次評定者は被評定者の課長であり、最終評定者は被評定者の部長である。

4 被評定者は一般職及び監督職であり、管理職候補者も含む。

5　第一次評定における総合評定方法は、AからEまでの絶対評価により行い、最終評定においては、5から1までの相対評価により行う。

解説6

1　**誤り**。所属課長と職員との面接は、当初申告と中間報告に実施する。
2　**誤り**。毎年度12月31日を評定基準日とし、前回の評定基準日の翌日から今回の評定基準日までを評定対象期間とする。
3　**誤り**。最終評定者は、人事主管部長である。
4　**誤り**。被評定者には、管理職候補者を含まない。
5　**正しい**。

正答　5

問題7　都の職員の服務に関する記述として、妥当なのはどれか。

1　職員は、政党その他の政治団体の結成に関与することは禁止されているが、構成員となるように勧誘運動をすることは禁止されていない。
2　職員は、法令による証人、鑑定人等となって職務上の秘密に属する事項を発表する必要がある場合は、任命権者の許可を必要とする。
3　職員は、公務外の行為においては職員の身分を有しないことから、いかなる行為を行っても信用失墜行為とはならない。
4　職務上の命令とは、上司より部下職員に対し発する命令をいうものであって、職務の遂行に関連して必要な身分上の義務は含まない。
5　職員の服務上の義務は、宣誓を行うことによって生じるため、宣誓を行わなくても服務義務違反になることはない。

解説7

1　**誤り**。職員は、政党その他の政治団体の構成員となるように、若しくはならないように勧誘運動することは禁止されている。
2　**正しい**。
3　**誤り**。職務を遂行する上での行為はもちろんのこと、公務外の行為であ

っても公務員としての身分は有することから、公務員としての品位を傷つ
ける行為は絶対に行ってはならない。

4 **誤り**。職務の遂行に関連して必要な身分上の義務についても、「職務上
の命令」に含まれる。

5 **誤り**。服務の宣誓を行うという事実行為自体は、職員の義務であるか
ら、職員の責に帰すべき事由によりこれを行わなかったときは、服務義務
違反となる。

正答　2

問題8 都における研修に関する記述として、妥当なのはどれか。

1 地方公務員法では、研修の実施主体について特段の定めはないが、都で
は、任命権者が研修の実施主体であることを定めている。

2 研修基本方針では、職員研修の目標として5つの目標を掲げており、こ
れらの目標の達成には、中央研修等の職場外研修が最も効果的な研修であ
ると示している。

3 知事部局では知事が研修に関する基本方針を策定し、一般財団法人東京
都人材支援事業団がその方針に沿って研修に関する基本計画及び中央研修
に関する実施計画を策定している。

4 自己啓発とは、職員が自ら育つ意識をもって、勤務時間外において自ら
の能力開発・向上を行う主体的な取り組みであり、都では、職員に対し、
自己啓発に関する豊富で具体的な選択肢を提示するとともに、費用面のサ
ポートを実施している。

5 OJTとは、職場において、上司・先輩等から仕事を通じて職務に必要
な知識・ノウハウ等を学ぶものであるが、その実態は職務の遂行そのもの
であることから、研修とは位置付けられていない。

解説8

1 **誤り**。地方公務員法では、研修は任命権者が行うものとされている。

2 **誤り**。研修の3本柱である「職場外研修（Off-JT）」「OJT」「自己啓発」
のそれぞれのメリットを組み合わせ、互いに機能を高めるような形で総合

的に人材育成を展開することが必要である。職場外研修が最も効果的であるとは明示されていない。

3 **誤り**。知事部局では総務局長が研修に関する基本方針を策定し、総務局人事部長がその方針に沿って研修に関する基本計画及び中央研修に関する実施計画を策定している。

4 **正しい**。

5 **誤り**。OJTは研修の3本柱のうちの一つであると位置づけられている。

正答　4

問題9　都における職員団体に関する記述として、妥当なのはどれか。

1　職員団体の登録制度は、職員団体が自主的かつ民主的に組織されていることを証明する一種の公証行為とみなされ、総務局人事部がその事務を所掌する。

2　職員団体には職員の給与、勤務条件等に関して当局と交渉する権利が認められているが、交渉の結果として、団体協約を締結する権利は認められず、法規範性のない書面による協定を締結できるにとどまる。

3　東京都労働組合連合会は、都における全ての職員団体と労働組合が加盟している混合連合組織であり、事実上の労働者団体という性格付けがなされている。

4　東京都労働組合連合会は、人事委員会の登録を受けている団体ではないため、職員の勤務条件に関する交渉機能は一切有していない。

5　在籍専従は、休職として取り扱われ、いかなる給与も支給されないが、退職手当や共済年金の算定期間には算入される。

解説9

1　**誤り**。職員団体の登録制度は、人事委員会がその事務を所掌する。

2　**正しい**。

3　**誤り**。全ての職員団体及び労働組合が東京都労働組合連合会に加盟しているわけではない。

4　**誤り**。東京都労働組合連合会は、各任命権者間に共通する基本的労働条

件についての交渉機能を果たしている。

5　**誤り**。退職手当の算定期間に算入されないが、共済年金の算定期間には算入される。

正答　2

問題10　都職員の服務及び汚職防止に関する事項として、妥当なのはどれか。

1　事故監察は、職員の非行及び事故の発生することを予防するため、知事部局等における職員の服務状況及び服務に関連する事務事業の内容について監察を行っている。

2　都の公益通報制度では、都の事務または事業に係る職員の行為に係る都職員からの通報対象を、公益通報者保護法に規定する法律に限定せず、全ての法令（都条例・規則及び訓令を含む）としている。

3　職員が、職務の利害関係者と、共通の趣味であるテニスやゴルフ等を一緒に行うことは規制されていない。

4　利害関係者との接触規制について、職員の異動前の利害関係者は、当該異動の日から起算して5年間は当該職員の利害関係者とみなすこととされている。

5　都では職員の服務について規定した訓令において、セクシュアル・ハラスメントの禁止は明記しているが、妊娠・出産・育児休業に関するハラスメントの禁止は明記していない。

解説10

1　**誤り**。本肢の説明は、予防監察についての説明である。事故監察は、知事部局等の職員が服務に関する法令その他職員が守るべき規定に違反し、または違反する疑いがあると認められる行為を起こした場合に、実態を解明して事実を認定し、処分に関する適正な意見を報告するとともに、再発防止のための改善策が必要な事項について調査を行う。

2　**正しい**。

3　**誤り**。利害関係者と遊戯やスポーツをすることは禁止されている。

4　**誤り**。職員の異動前の利害関係者は、当該異動の日から起算して3年間
は職員の利害関係者とみなすこととされている。

5　**誤り**。東京都職員服務規程では、妊娠・出産・育児休業等に関するハラ
スメントの禁止を明記している。

正答　2

問題11　都の任用制度に関する記述として、妥当なのはどれか。

1　職員の職に欠員が生じた場合、任命権者は採用、昇任、降任または転任
のいずれかの方法により職員を任命し、欠員を補充する。

2　条件付採用期間中の職員には身分の保障がなく、分限に関する規定が適
用されない。また、不利益処分審査請求に関する規定も適用されず、給
与、勤務条件に関する措置要求等も認められていない。

3　採用試験における受験資格の決め方には通常、試験に対応する学歴（学
科）を有する者にのみ受験を認める、いわゆる学歴主義と、一定の年齢要
件に該当すれば学歴に関係なく受験を認める、いわゆる学力（能力）主義
とがあるが、都においては現在、原則として、学歴主義を採用している。

4　任期付職員は、他の法律で任期を定めた採用が認められている職員（任
期付研究員、大学の学長等）以外の全ての一般職に属する職員を対象と
し、特定任期付職員及び一般任期付職員の二つの類型がある。

5　職員の離職は、理論上失職と退職に分類できるが、このうち退職には、
免職、死亡退職、定年による退職及び辞職が含まれる。

解説11

1　**正しい**。

2　**誤り**。分限に関する規定が適用されず、また、不利益処分審査請求に関
する規定も適用されないが、給与、勤務条件に関する措置要求等は正式採
用職員と同様の取り扱いを受ける。

3　**誤り**。都においては従来、学歴主義を取っていたが、公職の平等公開の
原則や能力本位の任用をより徹底するため、昭和43（1968）年度から、
原則として、学力（能力）主義を採用している。

4 **誤り**。任期付職員には、特定任期付職員、一般任期付職員及び四条任期付職員の３つの類型がある。

5 **誤り**。退職とは、任命権者の行政処分によって離職する場合であるが、定年退職は、定年によって退職すべき日が到来したときに、当然に離職することとなるため、法律的性質は失職となる。

正答　1

問題12　都における職員の旅費に関する記述として、妥当なのはどれか。

1 旅費は、実費の弁償と解され、労働の対価として支給される給与とは異なるが、税法上の扱いは給与と同じく所得税の課税対象となる。

2 旅行は、出張、赴任及びその他の公務旅行に区分され、このうち赴任については、旅費の支給対象に含まれない。

3 旅費の支給は確定払が原則であるが、多額の経費を要する旅行などにあっては概算払によることができる。

4 国内旅行のうち近接地内旅行については、鉄道賃、船賃、車賃、旅行雑費、宿泊料、食卓料及び移転料の７種類の旅費に限定されている。

5 規定に基づく旅費と実際上の旅費の額とに食い違いが生じる場合には、旅費を減額する場合に限り、旅費の調整を行い、旅行実態に即した旅費を支給する必要がある。

解説12

1 **誤り**。所得税法により、非課税とされている。

2 **誤り**。赴任は移転のための旅行であり、移転料、着後手当のほか、支給要件を満たす旅費が支給される。

3 **正しい**。

4 **誤り**。近接地内旅行では、食卓料は支給対象ではない。

5 **誤り**。個々の旅行の特性に応じて旅費を減額または増額できる。

正答　3

問題 **1**

都における公印に関する記述として、妥当なのはどれか。

1　公印の持つ重要性から、都では、東京都公印条例により、公印偽変造又は不正使用の行為をした者を2年以下の懲役又は20万円以下の罰金に処するとしている。

2　公印とは、公務上作成された文書に使用する印章又は印影をいい、公印が押印された文書の内容の真実性を公証する役割を有している。

3　公印の押印を受けようとするときは、公印使用簿に必要な事項を記入し、押印しようとする文書に決定済みの起案文書を添え、公印管理者又は文書取扱主任の照合を受ける。

4　定例的かつ定型的で一時に多数印刷する文書等のうち、起案者が適当と認めたものについては、照合を行う前に当該文書等に公印を押印することができる。

5　割印は、権利の得喪に関する文書その他特に重要な文書について、抜き取りや差し替えを防止し、正しく連続していることを認証するための公印をいう。

解説 **1**

1　**誤り**。都は、東京都公印条例ではなく、東京都公印規程を制定している。また、都の規則等ではなく、刑法により厳しく罰している。

2　**正しい**。

3　**誤り**。文書取扱主任ではなく、公印取扱主任である。

4　**誤り**。公印の事前押印は、定例的かつ定型的な文書等で、公印管理者が交付の日時、場所その他の事情を考慮して適当と認めたものが対象となる。

5　**誤り**。割印は、施行文書が決定済みの起案文書と照合され、発信されたことを認証するためのものである。選択肢の記載は、契印に関する説明である。

正答　2

問題2 都における事案決定に関する記述として、妥当なのはどれか。

1 事案決定事務は、起案、決定及び審査の3要素で構成される。

2 起案者は、起案文書の内容について責任を有する者という意味であり、自ら起案文書を作成しなければならない。

3 決定権者とは、知事及び知事から決定権限の配分を受けた者をいい、知事から決定権限の配分を受けた者とは、原則的に、局長、部長及び課長である。

4 決定による意思決定の効果は、あくまでも内部的なものにすぎず、行政処分の要素としての行政機関の意思表示としては、単に決定があったのみでは成立せず、これが外部に表示されて初めて、意思表示としての効果を生じる。

5 事案決定に当たっては、極めて軽易な事案を含めて、必ず文書（電磁的記録を含む）により意思決定を行わなくてはならない。

解説2

1 **誤り**。起案、決定及び決定関与の3要素で構成される。

2 **誤り**。起案者は必ずしも自ら起案文書を作成する必要はない。なお、起案者と別に起案文書を作成する者を事務担当者という。

3 **誤り**。知事から決定権限の配分を受けた者は、原則的に、局長、部長、課長及び課長代理である。

4 **正しい**。

5 **誤り**。公文書管理条例第6条第1項において、「極めて軽易な事案を除き、文書（電磁的記録を含む）によりこれを行わなければならない」と規定されている。

正答　4

問題3 都における秘密文書に関する記述として、妥当なのはどれか。

1 秘密文書とは、各局の文書課長が秘密の取扱いをする必要がある文書等として、主務課長が定める実施細目に従い指定した文書をいい、秘密文書

と時限秘の秘密文書の2種類がある。

2　時限秘の秘密文書には、秘密の取扱いを要する期限を文書総合管理システム又は特例管理帳票に記録し、及び当該秘密文書（電子文書を除く）に明記する。

3　秘密文書は、電子文書である場合には、文書総合管理システムにおけるその秘密の保持に努め、またそれ以外の公文書については、他の公文書と区別していれば、保管方法に留意する必要はない。

4　秘密文書の作成及び配布に際しては、作成部数及び配布先を明らかにしておかなければならないが、秘密文書を複写することについての特段の制限はない。

5　時限秘の秘密文書については、当該期限が到来した際に、文書課長が指定解除の意思決定をとり、はじめて指定が解除される。

解説 3

1　**誤り**。秘密文書とは、主務課長が秘密の取扱いをする必要がある文書等として、各局長が定める実施細目に従い指定した文書をいい、秘密文書、時限秘の秘密文書の2種類がある。

2　**正しい**。

3　**誤り**。秘密文書は、電子文書以外の公文書については、他の公文書と区別した上で、施錠のできる金庫、ロッカー等に厳重に保管しておかなければならない。

4　**誤り**。秘密文書の全部又は一部を複写する場合は、主務課長の許可を受けなければならない。

5　**誤り**。時限秘の秘密文書については、当該期限の到来により、指定が解除されたものとみなされるものであり、文書課長の指定解除の意思決定は必要ない。

正答　2

問題 4　都における起案及び供覧に関する記述として、妥当なのはどれか。

1　起案は、原則として、起案者が、起案用紙に事案の内容その他所要事項

を記載し、その起案者欄に署名し、又は押印することにより行う。

2　電子以外の収受文書に基づいて起案する場合で、事案が軽易なものであるときは、収受文書の余白を利用して起案を行うことができる。

3　協議は、審議に先立って行い、協議を行う者が複数の場合には必ず下位の職位から順に回付し、電子回付方式による場合であっても一斉に回付することはできない。

4　意思決定を要しないが、関係者に周知を要する文書について、それが収受文書の場合は供覧を行い、事務担当者が自ら作成した文書の場合は、起案して関係者に回付することで周知する。

5　供覧文書は、軽易な内容のものを除き、文書総合管理システムによる電子回付方式またはあて先欄に供覧の表示をした起案用紙による書面回付方式により回付し、保存期間は5年となっている。

解説 4

1　**誤り**。起案は、原則として、起案者が、文書総合管理システムに事案の内容その他所要事項を入力し、起案した旨を電磁的に表示し、記録することにより行う。

2　**正しい**。

3　**誤り**。協議は原則として審議の後に行われ、協議の順序は、原則として事案に最も関係の深い部課長等から順次行う。なお、電子回付方式による場合で、各協議者に対して同時に協議を行っても支障がないときは、協議を行う者に一斉に回付することができる。

4　**誤り**。事務担当者が自ら作成した文書で、関係者に周知を要する文書は、供覧を行う。

5　**誤り**。供覧文書の保存期間は1年または3年となっている。

正答　2

問題 5
　東京都文書管理規則に定める文書の管理及び収受に関する記述として、妥当なのはどれか。

1　訴訟、工事、契約等に係る文書については、それらの事案の発端となっ

た文書の番号の枝番号を用いることができる。

2　情報処理システムを利用して主務課に到達した全ての電磁的記録は、出力し紙にするものとし、記録した紙の余白に収受印を押し、文書総合管理システムに記録する。

3　文書取扱主任は、所属する課における文書管理事務に従事するものであり、ファイル責任者と同様に課長が任免する。

4　文書事務における管理の対象となるのは、起案文書、供覧文書、帳票、図面、写真及びフィルム、又は保存期間が1年以上の収受文書に限られる。

5　文書記号は、作成した日の属する会計年度の数字と主務課の局・部・課を表す文字から成り、全庁で統一を図るため、総務局総務部文書課長が定める。

解説 5

1　**正しい。**

2　**誤り。**情報処理システムを利用して主務課に到達し受領した電磁的記録のうち、収受の処理が必要なもののみ文書総合管理システムに記録する。また、紙に出力する規定はない。

3　**誤り。**文書取扱主任は、局長が任免する。

4　**誤り。**収受文書で保存期間が1年未満のものも資料文書に含まれ、文書管理の対象となる。

5　**誤り。**局の庶務主管課長が定める。

正答　1

問題 6　都における文書の整理・保存及び廃棄に関する記述として、妥当なのはどれか。

1　使用を終了した全ての公文書は、公文書の紛失・破損の防止、公文書の開示請求への迅速な対応等を可能とするためにも、必ずファイル責任者に引き継ぎ、課の共有の財産として管理し、保存しなければならない。

2　公文書の保存期間は、法令等の定め、公文書の効力、重要度、利用度の4点を考慮して定めるものとされ、行政運営上の必要性及び都民の立場か

ら見た利用価値を十分に考慮する必要があるが、保存期間を定める上で他に考慮すべき事項はない。

3　保存期間が1年未満である公文書の保存期間が満了する日は、当該公文書を職務上作成し、又は取得した日が含まれる年度の末日である。

4　総務局長は、都の重要な公文書等を確実に収集するため、長期保存文書及び長期保存文書以外の文書のうち、特に重要と認めるものを重要公文書等として指定している。

5　重要な公文書を廃棄しようとするときは、あらかじめ局の庶務主管課長等の承認が必要であるが、都の知事部局においては、決定権者が局長以上の職にあり、かつ、保存期間が10年以上の起案文書等を、重要な公文書としている。

1　**正しい。**

2　**誤り。**公文書の資料価値や、文化遺産としての保存の必要性等についても考慮しなければならない。

3　**誤り。**当該公文書を職務上作成し、又は取得した日から起算して1年未満の期間内において事務遂行上必要な期間の終了する日である。

4　**誤り。**重要公文書等の指定をするのは総務局長ではなく、公文書館長である。

5　**誤り。**重要な公文書とされているのは、決定権者が部長以上の職にあり、かつ、保存期間が5年以上の起案文書等である。

正答　1

問題 7　都における印刷物及び図書類に関する記述として、妥当なのはどれか。

1　印刷物を作成しようとするときは、印刷物作成の主管課長は、重要な印刷物を除く全ての印刷物について、局の庶務主管課長に協議しなければならない。

2　定期購読図書類を除く図書類を購入するときは、当該購入の事案につい

て決定又は審議をする課長は、総務局総務部文書課長に協議しなければならない。

3　総務局総務部文書課長は、図書類の購入について協議を受けたときは、購入目的にふさわしい内容のものかどうかを調査・検討する必要があるが、購入部数が適当かを調査・検討することまでは求められていない。

4　印刷物作成の主管課長は、印刷物作成後直ちに1部を総務局総務部文書課長に送付しなければならない。

5　高額図書類（定期購読図書類以外の図書類で、予定価格が10万円以上のもの。ただし、住宅地図類は除く。）を購入する場合は、局の庶務主管課長に協議する。

解説 7

1　**誤り**。特に軽易な印刷物については、協議が不要とされている。

2　**誤り**。一般図書類（定期購読図書類及び高額図書類以外の図書類）の場合は、文書課長への協議は不要である。

3　**誤り**。協議された図書類について、①購入する必要性はどうか、②購入目的にふさわしい内容のものか、③購入部数及び購入後の利用は有効、適切か等の観点から調査・検討を行う。

4　**正しい**。

5　**誤り**。高額図書類とは、定期購読図書類以外の図書類で、住宅地図類は除く、予定価格が5万円以上のものをいう。また、高額図書類を購入する場合は、文書課長に協議する。

正答　4

問題 8　都における文書の施行に関する記述として、妥当なのはどれか。

1　文書の施行とは、決定された事案について、相手方に対し、文書で意思・事実を伝達することをいうが、決定された事案に係る都の意思表示は、文書の決定をもってその効力を発している。

2　決定された起案文書の内容を、施行するために清書することを浄書、決定された起案文書と浄書文書が同一かどうかを確認することを照合という

が、電子決定方式により決定された事案については、浄書及び照合を実施
する必要はない。

3 定例的かつ定期的で一時的に多数印刷する文書等のうち、公印を押印す
べきものについて、総務局総務部文書課長が必要と認めたときは、その公
印の印影を当該文書等に刷り込むことができる。

4 割印は、権利の得喪に関する文書その他特に重要な文書について、抜き
取りや差し替えを防止し、正しく連続していることを認証するものであ
り、契印は、施行文書が決定済みの起案文書と照合され、発信されたこと
を認証するものである。

5 公告の方法は、都では原則として東京都公報登載によることとされてい
るが、天災事変等で、東京都公報による公布が不可能なときは、都庁内の
掲示板及び公衆の見やすい場所に掲示して、これに代えることができる。

▌解説 8

1 **誤り**。決定された事案に係る都の意思表示は文書の施行をもって初めて
その効力を発する。

2 **誤り**。電子決定方式により決定された事案を施行する場合においても、
浄書及び照合する必要がある。

3 **誤り**。印影の刷り込みは、公印管理者が適当と認めたときに行うことが
できる。

4 **誤り**。本肢は割印の説明と契印の説明が逆になっている。

5 **正しい**。

正答 5

▌問題 9

都における文書の収受及び配布に関する記述として、妥当なの
はどれか。

1 文書の収受とは、一般に、団体等において、文書がその団体等に到達し
たことを確認し、当該文書を受領した後、規定に定められた手続を行うこ
とをいう。

2 主務課に到達した電子文書以外の文書のうち、保存期間が1年未満の文

書について、主務課長は、文書の余白に収受印を押し、文書総合管理システム又は特例管理帳票に文書管理事項を記録して、事務担当者に引き渡す。
3　局に直接到達した文書を除く、本庁に到達した電子文書以外の文書について、秘書課長は、親展文書その他開封を不適当と認める文書を除き、知事又は副知事宛ての文書を開封する。
4　局に直接到達した文書を除く、本庁に到達した電子文書以外の文書のうち、複数局に関連する文書は、文書課長が正本を最も関係の深い局の庶務主管課長に配布し、写しを文書課長が保管する。
5　文書総合管理システムを利用して主務課に到達し、又は記録した電子文書は、主務課長に配布するものとする。

解説 9

1　**正しい。**
2　**誤り。** 選択肢に記載の処理を行うのは、保存期間が1年以上の文書である。
3　**誤り。** 親展文書その他開封を不適当と認める文書を除き、知事、副知事又は都宛ての文書は、文書課長が開封する。
4　**誤り。** 複数局に関連する文書は、文書課長が正本を最も関係の深い局の庶務主管課長に配布し、写しをその他の局の庶務主管課長に配布するとともに、その旨をそれぞれの文書の余白及び文書授受簿に記載し、受領印を押させる。
5　**誤り。** 文書総合管理システムを利用して主務課に到達し、又は記録した電子文書は、当該到達した電子文書の事務担当者に配布するものとする。

正答　1

問題 10　　文書に関する記述として、最も妥当なのはどれか。

1　文書は、口頭で伝達する場合と比べ、表示内容を長期にわたって保存できる特性がある反面、読む者の主観に左右されるため、客観性が乏しいという欠点があるとされる。
2　公文書とは、官公庁または公務員がその職務上作成する文書をいい、公

務員の退職届も含まれる。

3　公文書と私文書とでは、刑法における文書の偽造、変造等に対する罪に軽重が設けられており、公文書は、私文書と異なり、全ての文書偽造、変造が同罪の客体となる。

4　公用文書とは、官公庁において使用の目的で保管する文書をいい、その対象は公務員が作成した文書に限られ、私人から官公庁に提出された申請書、願書は私用文書として扱われる。

5　抄本とは、原本のうち関係のある部分だけを写した文書のことをいい、正本とは、原本の全部を写した文書のことをいい、いずれも、原本と同一の効力は有さない。

解説10

1　**誤り**。文書は、受ける者の主観に左右されることが少なく、客観性を有するとされる。

2　**誤り**。退職届は、職務と関係なく作成されるものであることから、私文書と概念される。

3　**正しい**。

4　**誤り**。公用文書は、その作成者が公務員であるか私人であるかを問わず、私人から官公庁に提出された申請書、願書は当然に公用文書となる

5　**誤り**。正本とは、法令に基づいて、権限のある官公庁または公務員が特に正本として作成した元本の写しで、原本と同一の効力を有する文書である。

正答　3

問題 1

予算の内容の記述として、妥当なのはどれか。

1　継続費は、数年度にわたって事業を施行する場合、あらかじめその経費の総額は、当該年度の歳出予算に計上する必要はない。

2　債務負担行為は、地方公共団体が将来にわたり債務を負担する行為をする場合に予算で定めておくものであり、公社等が銀行その他から融資を受ける場合に、地方公共団体が当該銀行等に行う損失補償は、債務負担行為に含まれない。

3　地方債は、地方公共団体の一会計年度を超える長期の借入金をいい、起債の目的、限度額、利率及び償還の方法を予算に定めなければならないが、幅広く資金調達を行う必要から、起債の方法を予算で定める必要はない。

4　繰越明許費は、歳出予算の経費のうち、その性質上又は予算成立後の事由により、当該年度内にその支出が終わらない見込みのある事業について、予算の定めるところにより翌年度に繰り越して使用することができる経費である。

5　一時借入金は、一時、現金に不足を来す場合に資金調達の手段として地方公共団体が銀行その他から借り入れる現金をいい、次会計年度の歳入で償還しなければならない。

解説 1

1　**誤り**。継続費は、数年度にわたって事業を施行する場合、あらかじめその経費の総額と年割額について議会の議決を経ておくものであるが、年割額である各年度の支出は、当該年度の歳出予算に計上する必要がある。

2　**誤り**。債務負担行為は、地方公共団体が将来にわたり債務を負担する行為をする場合に予算で定めておくものであり、公社等が銀行その他から融資を受ける場合に、地方公共団体が当該銀行などに行う損失補償も、債務負担行為に含まれる。

3　**誤り**。地方債は、地方公共団体の一会計年度を超える長期の借入金をい
い、起債の目的、限度額、起債の方法、利率及び償還の方法の5つを予算
に定めなければならない。

4　**正しい**。

5　**誤り**。一時借入金は、一時、現金に不足を来す場合に資金調達の手段と
して地方公共団体が銀行その他から借り入れる現金をいい、当該会計年度
の歳入で償還しなければならない。

正答　4

問題2　都における決算に関する記述として、妥当なのはどれか。

1　決算は、議会の認定を得て確定するものであるから、決算について議会
の認定が得られなかった場合、当該決算は無効となる。

2　決算は、会計管理者である会計管理局長が、毎会計年度、出納閉鎖後3
か月以内に調製し、知事に提出しなければならないとされている。

3　公営企業の決算は、公営企業管理者が調製するが、管理者を置かない公
営企業においては、会計管理局長が調製する。

4　議会が決算を認定したときは、知事は決算を総務大臣に報告するととも
に、その要領を住民に公表しなければならない。

5　知事は、議会で決算の認定議決を経た後、決算を監査委員の審査に付
し、監査委員は、合法性や的確性等につき審査の上、決算審査意見書を知
事に提出する。

解説2

1　**誤り**。決算は、議会の認定を経て確定するものであるが、決算について
議会の認定が得られなかった場合でも、決算の効力に影響せず、当該決算
が無効となることはない。

2　**正しい**。

3　**誤り**。公営企業の決算は、公営企業管理者が調製するが、管理者を置か
ない公営企業においては、知事が調製する。

4　**誤り**。議会が決算を認定したときは、知事は決算の要領を住民に公表し

145

なければならないが、知事が決算を総務大臣に報告する規定は廃止されている。

5　**誤り。**知事は、議会で決算の認定議決を経る前に、決算を監査委員の審査に付し、監査委員は、合法性や的確性などにつき審査の上、決算審査意見書を知事に提出する。

正答　2

問題3　都の一般会計における予算事務手続に関する記述として、妥当なのはどれか。

1　財務局長は、局長から提出された予算執行計画の見積書を適正と認めたときは、速やかに、歳出予算を配当しなければならず、必要があると認めるときは、知事の承認を得て、その全部又は一部を配当しないことができる。

2　歳出予算の経費の金額は、各目の間又は各節の間で相互にこれを流用することはできないが、歳出予算の執行上やむを得ない場合に限り、知事に協議のうえ、各目の間又は各節の間で相互にこれを流用することができる。

3　局長は、財務局長から予算成立の通知を受けたときは、速やかに、月ごとに区分した歳出予算の執行計画を、財務局長を経て知事に提出しなければならない。

4　配当された歳出予算は、当該局において執行しなければならず、予算の配当を受けた局長が他の局長に歳出予算の執行を委任することは、理由のいかんを問わず認められていない。

5　歳出予算については、配当又は配付があった後でなければ、支出負担行為をすることができないが、緊急を要するため時間的余裕がないことが明らかであると認められる場合には、この限りではない。

解説3

1　**正しい。**

2　**誤り。**歳出予算の執行上やむを得ない場合は財務局長に協議のうえ流用することができる。

3　**誤り。**歳出予算の執行計画は四半期ごとに区分される。

4 **誤り**。当該局に必要な実施能力がないときや、他局に執行を委任したほうが能率的な場合は、予算の配当を受けた局長が他の局長に歳出予算の執行を委任することができる。これを執行委任という。

5 **誤り**。配当又は配付があった後でなければ、支出負担行為をすることができない。

正答 **1**

問題4

都における支出の原則の記述として、妥当なのはどれか。

1 収支命令者は、予算事務を主管する課長代理であり、支出命令の委任を受けて支出命令の内容を調査するが、請求書に代わる支払額調書は認められない。

2 地方公共団体の支出は、債務である金額が確定し、支払いの履行期が到来していることが必要であり、支出の相手方が正当な債権者である必要はない。

3 支出は、長の予算執行行為である支出負担行為に始まり、長から会計管理者への支出命令及び会計管理者の審査を経て、会計管理者の支払いで完結する。

4 会計管理者は、支出命令に対し審査権を有することから、法令又は予算の違反がないか及び債務が確定しているかを審査し、違反があれば訂正できる。

5 会計管理者は、支出命令書を審査した結果、誤りがなければ、債権者に対して原則現金で支払うが、債権者から申出があるときは小切手を交付できる。

解説4

1 **誤り**。収支命令者は、予算事務を主管する課長又は課長相当職であり、支出命令の委任を受けて支出命令の内容を調査するが、請求書に代わる支払額調書も認められる。

2 **誤り**。地方公共団体の支出は、債務である金額が確定し、支払いの履行期が到来しており、支出の相手方が正当な債権者であることが必要である。

3　**正しい。**

4　**誤り。** 会計管理者は、支出命令に対し審査権を有することから、法令又は予算の違反がないか及び債務が確定しているかを審査し、違反していれば、収支命令者に返送しなければならない。

5　**誤り。** 会計管理者は、支出命令書を審査した結果、誤りがなければ、債権者に対して、原則として小切手を交付するが、債権者から申出があるときは現金で支払うこともできる。

正答　3

問題 5　都が行う契約の記述として、妥当なのはどれか。

1　一般競争入札は、その性質上、競争参加者を広く募集し、公正に経済的な契約を締結しようとするものであるから、地方自治法上、入札に参加する者の資格要件を設けることは禁止されている。

2　都においては、予定価格が一定額以上の工事又は製造の請負契約を締結するときは、議会の議決が必要とされ、これには公営企業の業務に係る契約も含まれる。

3　契約締結の方法は、地方自治法上、一般競争入札、指名競争入札及び随意契約に限られ、一般競争入札以外の方法は、政令に定める場合に限り行うことができる。

4　都においては、随意契約により契約を締結しようとするときは、契約の内容に適合した履行を確保するため、必ず事前に最低制限価格を設けなければならないとしている。

5　指名競争入札により契約を締結しようとするときは、入札に参加しようとする者から入札保証金を納付させなければならないが、都においては、一定の要件を満たす場合、入札保証金を減額又は免除することができるとしている。

解説 5

1　**誤り。** 一般競争入札は、その性質上、競争参加者を広く募集し、公正に経済的な契約を締結しようとするものであるが、政令に定めるところによ

り、入札に参加する者の資格要件を設けることが認められている。

2　**誤り**。都においては、予定価格が一定額以上の工事又は製造の請負契約を締結するときは、議会の議決が必要とされるが、これには公営企業の業務に係る契約は含まれない。

3　**誤り**。契約締結の方法は、自治法上、一般競争入札、指名競争入札、随意契約及びせり売りに限られ、一般競争入札以外の方法は、政令に定める場合に限り行う ことができる。

4　**誤り**。最低制限価格は、一般競争入札により「工事又は製造についての請負契約」を締結しようとする場合に、認められる制度である。

5　**正しい**。

正答　5

第**2**章

択一式 教養問題A

問題6　都における収入の事務に関する記述として、妥当なのはどれか。

1　歳入徴収者とは、それぞれの所管に属する収入の事実が発生したときに、これを徴収する権限について、知事から委任を受けた者をいい、会計事務を主管する課長にある者を充てている。

2　納入義務者は、納入通知書等の交付を受けたときは、これに現金を添えて、指定金融機関等又は局若しくは所の金銭出納員に納付する。

3　納入の通知は、所属年度、歳入科目、納入すべき金額、納期限、納入場所及び納入の請求事由を記載した納入通知書を発行して行い、口頭、掲示その他の方法によって納入の通知をすることはできない。

4　金銭出納員が現金を受領したときは、納付書を作成し、これに現金を添え、一週間以内に指定金融機関等に払い込まなければならない。

5　自治法上、使用料又は手数料の徴収については、条例の定めるところにより、収入証紙による収入の方法によることができるが、都においては手数料についてのみ、収入証紙による収入の方法を適用している。

解説6

1　**誤り**。歳入徴収者は、当該局または所の長をもって充てている。

2　**正しい**。

3　**誤り。**口頭、掲示その他の方法によっても納入の通知をすることができる。

4　**誤り。**一週間以内ではなく、即日もしくは翌日に払い込まなければならない。

5　**誤り。**平成22年4月1日から直接現金で収入することになった。

正答　2

問題 7　都における物品の記述として、妥当なのはどれか。

1　物品管理規則では、物品の出納を命令する物品管理者は、各課における物品の契約事務又は調達事務を取扱う課長代理をもって充てるとしている。

2　物品管理規則は、物品は公有財産の一つであるとし、常に良好な状態で管理し、所有する目的に応じて最も効率的に運用しなければならないとしている。

3　物品管理規則は、物品について、備品、消耗品、材料品、動物、不用品、借用動産の区分に従い、整理しなければならないとしている。

4　物品管理規則では、物品の出納及び保管を行う物品出納員は、局又は所における物品の契約事務又は調達事務を行う課長をもって充てることとしている。

5　物品管理規則は、物品の適正な供用を図るために、全ての物品について取得後、直ちに歳出予算で定める物品に係る経費の目的に従い、歳出予算の節別に分類しなければならないとしている。

解説 7

1　**誤り。**物品管理規則では、物品の出納を命令する物品管理者は、局の課及び所に1人を置き、局にあっては課長、所にあっては物品の契約事務又は調達事務を取り扱う課長をもって充てる。

2　**誤り。**物品は、自治法上の財産の一つであるが、公有財産ではない。後段は正しく、財産は常に良好な状態で管理し、所有する目的に応じて最も効率的に運用しなければならないと、地方財政法で定められている。

3　**正しい。**

4 **誤り。**物品管理規則では、物品の出納及び保管を行う物品出納員は、「部、部を置かない局及び所」に1人を置き、物品の契約事務又は調達事務を行う課長代理をもって充てる。

5 **誤り。**物品管理規則は、物品の適正な供用を図るために、歳出予算で定める物品に係る経費の目的に従い、歳出予算の款別に分類しなければならない。

正答　3

問題8　都における債権に関する記述として、妥当なのはどれか。

1　局長は、私債権の放棄をする場合は、あらかじめ会計管理局長に協議をしなければならない。

2　都が有する金銭債権は、時効に関して他の法律に定めがあるものを除き、債権不行使の状態が5年間継続するときは、時効より消滅する。

3　都に対する金銭債権を時効により消滅させるためには、私法上の金銭債権の場合は時効の援用を必要としないが、公法上の金銭債権の場合は、時効の援用を必要とする。

4　都では、私債権の放棄を行う場合、知事はあらかじめ議会の議決を得なければならないとしている。

5　公債権のうち、分担金、加入金などについて、納期限までに納付せず、督促を受けた者が指定された期限までに納付しないときは、必ず条例に基づく裁判上の手続きを経て、強制徴収しなければならない。

解説8

1　**誤り。**財務局長及び主税局長に協議しなければならない。

2　**正しい。**

3　**誤り。**地方公共団体に対する金銭債権については、法律に特別の定めがある場合を除き、消滅時効の援用を必要としない。

4　**誤り。**東京都債権管理条例により、議会の議決を要せずに放棄を可能としている。

5　**誤り。**督促を受けた者が指定された期限までに納付しないときは、裁判

上の手続きを経ないで強制徴収することができる。

正答　2

問題9　都における一般競争入札の記述として、妥当なのはどれか。

1　入札の公平性を高めるため、破産者で復権を得ない者であっても、原則として一般競争入札に参加することができる。

2　公共工事における入札・契約手続の透明性のより一層の向上を図るため、全ての工事の請負契約について、予定価格を公表している。

3　予定価格は、原則として総価をもって定めなければならないが、一定期間継続してする製造や修理などの契約の場合は単価によって定めることができる。

4　入札者は、その提出した入札書の撤回をすることはできないが、開札前であれば、提出した入札書の書換えや引換えをすることはできる。

5　落札となるべき同価の入札をした者が2人以上あるときは、価格以外の条件を総合的に判断し最も有利なものをもって申込みをした者を落札者に決定する。

解説9

1　**誤り。**破産者で復権を得ない者は、一般競争入札に参加することができない。

2　**誤り。**平成30年6月から250万を超える工事又は製造の請負契約について、予定価格は原則として事後公表としつつ、低価格帯の案件については、積算負担に配慮し事前公表としている。

3　**正しい。**

4　**誤り。**開札前であっても、入札者は提出した入札書を撤回できず、提出した入札書の書換えや引換えをすることもできない。

5　**誤り。**落札となるべき同価の入札をした者が2人以上あるときは、直ちに、当該入札者のくじ引きにより落札者を決定する。

正答　3

第6節●都政実務—⑷財務

問題10 　公有財産の分類の記述として、妥当なのはどれか。

1　道路予定地等の公用又は公共用に供されていないが、将来、公用又は公共用に供すべきことを決定した財産（予定公物）も行政財産である。

2　行政財産は、公用財産と公共用財産とに区分されるが、前者には道路又は公園などの住民の共同利用する財産があり、後者には庁舎、研究所などがある。

3　公共用財産とは、行政財産のうち、地方公共団体がその事務・事業を執行するために直接使用する目的の財産である。

4　行政財産とは、普通財産以外の一切の公有財産をいい、普通財産は、一般私人と同等の立場で保持し、管理処分からの収益を財源にあてる目的を持つ。

5　都においては、知的財産権、有価証券、出資による権利及び財産信託の受益権を、その性質上から行政財産として取り扱うこととしている。

解説10

1　**正しい。**

2　**誤り。** 行政財産は、公用財産と公共用財産とに区分されるが、後者には道路又は公園などの住民の共同利用する財産があり、前者には庁舎、研究所などがある。

3　**誤り。** 地方公共団体がその事務・事業を執行するために直接使用する目的の財産は公用財産である。

4　**誤り。** 前段の説明が逆。普通財産とは、行政財産以外の一切の公有財産をいう。後段は正しい。

5　**誤り。** 都は、知的財産権、有価証券、出資による権利及び財産信託の受益権を、その性質上から普通財産として取り扱うとしている。

正答　1

第2章

択一式 教養問題A

153

問題 1 都が行う広報及び広聴活動の記述として、妥当なのはどれか。

1 都が行う広報活動の一環として、広報東京都があるが、広報東京都は一般広報であり、インターネット、新聞広告や交通広告は、個別広報とされる。

2 都が行う広報活動の一環の広報東京都は、都が経費を負担する自主媒体であり、都がスポンサーであるテレビ・ラジオの東京都提供番組は、依存媒体である。

3 都が行う広報活動の一環として、職員広報があり、職員広報は、職員が都政に関する情報を入手する手段であるが、モラールアップを図るものではない。

4 世論調査は、原則として都内に住む満20歳以上の男女を公募により調査対象に選定し実施している。

5 インターネット都政モニター制度は、都政の重要課題などに関する意見・要望などを迅速に把握するため、都内に居住する人を対象に公募によりモニターを選任し、実施しているものである。

解説 1

1 **誤り。**インターネット、新聞広告や交通広告も「一般広報」である。個別広報（事業別広報）は、都では、事業を所管する各局が実施しているものである。

2 **誤り。**都がスポンサーであるテレビ・ラジオの東京都提供番組は、放送局が制作しているが、都が制作に掛かる経費を負担していることから「自主媒体」である。

3 **誤り。**職員広報の目的には、職員のモラールアップも含まれる。

4 **誤り。**世論調査は、原則として都内に住む「満18歳以上」の男女から「無作為抽出」により調査対象を選定し実施している。

5 **正しい。**

正答 5

問題2 都の個人情報保護制度の記述として、妥当なのはどれか。

1 実施機関は、個人情報を取り扱う事務を委託しようとするとき、又は指定管理者に公の施設の管理を行わせるときは、個人情報の保護に関し必要な措置を講じなければならない。

2 実施機関は、個人情報を取り扱う事務を開始しようとするときは、必要事項を知事に届けなければならないが、知事はその届出に関する内容については、公表してはならない。

3 実施機関は、実施機関の職員又は職員であった者に関する個人情報を取り扱う事務を開始しようとするとき、知事への届出が義務付けられている。

4 個人情報の収集に関しては、個人情報を取り扱う事務の目的を明確にし、所管事務の目的達成に必要な情報であれば、その範囲については制限されていない。

5 個人情報の収集に関して、争訟、選考、指導、相談等の事務で、本人から収集したのではその目的を達成し得ないと認められるときであっても、本人以外からの収集は認められない。

解説2

1 **正しい。**

2 **誤り。**知事に届け出た事務について、東京都公式ホームページに掲載するなどいつでも閲覧できるようにしている。

3 **誤り。**実施機関の職員又は職員であった者に関する個人情報を取り扱う事務については、届出を要しないとしている。

4 **誤り。**個人情報の収集は、個人情報を取り扱う事務の目的を明確にし、当該事務の目的を達成するために必要な範囲内で、収集しなければならない。

5 **誤り。**個人情報保護条例においては、争訟、選考、指導、相談等の事務で、本人から収集したのではその目的を達成し得ないと認められるとき等について、本人以外から個人情報を収集することを認めている。

正答 1

問題解決のための技法に関する記述として、妥当なのはどれか。

1　KJ法とは、通常5～10人のメンバーにより1時間程度一つのテーマについてアイデアを自由に出し合い、その連鎖反応を促進することにより、多種多様なアイデアを求める技法である。

2　ガント・チャートとは、問題がどのような原因によって起きているかを図解化したもので、原因を把握したり、解決策を考える際に用いる技法であり、「魚の骨」とも呼ばれる。

3　MECEとは、内部環境要因として競合相手と比較した自社の強みと弱み、外部環境要因として自社を取り巻くビジネス環境の機会と脅威の四つの軸の中に情報を落としながら、問題と課題を整理し目標を設定する分析手法である。

4　PERTとは計画を立て、それを実施統制する日程計画と進行管理のための技法であり、アロー・ダイヤグラムと呼ばれる図を描き、開始結合点から最終結合点までの最短コースをクリティカル・パスと呼ぶ。

5　パレート図とは、時間を横軸に取って、各作業の日程計画や実績を記入したチャートのことをいう。

解説 3

1　**誤り。** KJ法は、一見まとめようもない多種多様な事実をありのままに捉え、それを構造的に統合することにより何か新しい意味、アイデアを発見する創造性開発技法、発想法である。なお、本肢は、ブレイン・ストーミングを説明したものである。

2　**誤り。** ガント・チャートとは、時間を横軸にとって、各作業の日程計画や実績を記入したチャートのことである。なお、本肢は、特性要因図を説明したものである。

3　**誤り。** MECEとは、「ダブリなくモレなく」という意味である。なお、本肢は、SWOT分析を説明したものである。

4　**正しい。**

5　**誤り。** パレート図とは、問題を発生させる要因を大きいものから順番にグラフ化したものである。なお、本肢はガント・チャートを説明したもの

である。

正答　4

問題 **4**　都のＩＴ化を支える基盤の記述として、妥当なのはどれか。

1　東京都高度情報化推進システム（TAIMS）は、都の内外における情報交換や協働の取組を実現するためのものだが、庁内組織の壁を越えた情報共有による質の高い行政運営までを想定しているものではない。

2　総合行政ネットワークは、LGPKIと呼ばれ、他の地方公共団体や国等と接続可能な高度なセキュリティを維持した行政専用のネットワークである。

3　電子申請システムは、インターネットを介して都民や事業者が自宅や会社のパソコンを使って行政手続を行えるようにするシステムであり、都内区市町村の電子申請共同システムとは別に運営している。

4　住民基本台帳ネットワークシステムは、出身国、氏名、生年月日、性別の４情報と個人番号等により、全国共通の本人確認を可能とする地方公共団体共同のシステムである。

5　都における各業務システムの利用では、ID、パスワード、ICカードにより職員個人や組織が正当であることを一度確認できれば、その後の認証を省略できるシングル・サイン・オン（SSO）を採用している。

解説 **4**

1　**誤り**。TAIMSは、庁内組織の壁を越えた情報共有による質の高い行政運営も実現するための基盤システムとして位置づけられている。

2　**誤り**。総合行政ネットワークは、LGWANと呼ばれている。

3　**誤り**。電子申請システムのうち全庁共通のシステムについては、都内区市町村と東京電子自治体共同運営協議会を設置し、システムを共同利用している。

4　**誤り**。４情報とは、氏名、生年月日、性別、住所の４つである。

5　**正しい**。

正答　5

組織原則又は組織形態の記述として、妥当なのはどれか。

1 命令一元性の原則とは、命令は複数の上司から行われてもよいが、一度発した命令は変更してはならないとする原則である。

2 権限委譲の原則とは、権限は組織の各階層に適切に配分しなければならないとする原則であり、スパン・オブ・コントロールともよばれる。

3 ライン・アンド・スタッフ組織は、命令一元性の原則が適用されない組織形態であり、職能組織とよばれる。

4 プロジェクト・チームは、本来は軍事用語の機動部隊という意味であり、縦割りの職能別組織と横割りの事業部門別組織の2つの基軸で編成される組織形態であり、マトリックス組織ともよばれる。

5 ファンクショナル組織は、職能組織ともよばれ、分業を高度に進めた組織であり、短所として、複数の専門職から指示を受けることになることが挙げられる。

解説5

1 **誤り。**命令一元性の原則とは、命令は、一人の上司から一元的に行われなければならないとするものである。また、一度発した命令は変更してはならないとするものでもない。

2 **誤り。**スパン・オブ・コントロールとは、一人の上司が直接、指揮・監督する部下の人数は制限されなければならないとするのもであり、権限委譲の原則とは異なる。

3 **誤り。**ライン・アンド・スタッフ組織とは、命令一元性の原則を守りつつ、職能分化の原則を統合した組織形態である。

4 **誤り。**本来は軍事用語の機動部隊という意味の組織形態はタスクフォースである。また、プロジェクト・チームとマトリックス組織は異なる組織形態である。

5 **正しい。**

正答 5

第7節 都政事情

　教養問題（択一式）は、平成29年度から出題構成が見直しになり、「都政事情」は7問程度と、問題数が増加しています。知っていれば確実に得点できる知識問題ですので、高得点を獲得するためには、できる限り多くの知識を身に着けておく必要があります。出題範囲は広範にわたることから限られた時間の中で的を絞り、効率的に準備を進めてください。

出題傾向

　出題分野は「計画・方針等」「調査等」「その他」に分類することができます。出題期間は、おおむね前年10月から当該年の6月までとなっており、その中でも、例年3月に公表される「計画・方針等」に関する出題が多数を占めています。

　なお、管理職選考で出題された内容が、主任試験でも出題されることがあります。特に「実行プラン」関連のものなど、都の基本計画に位置付けられるような各局の重要施策については、よく確認しておく必要があるでしょう。

勉強方法

　択一試験全般に言えることですが、5肢の中から適切な選択肢を選ぶためには、出題事項に関する正確な知識が要求されます。記憶があいまいだと、残り2つまで絞れても、そこから正解にたどりつけず悔しい思いをすることになります。一方で、試験対策としてできることには限界があるため、的を絞った効率の良い学習が不可欠になってきます。

　そこで、学習の進め方は、（1）情報収集、（2）内容の記憶、（3）問題演習による記憶の定着—という流れが基本となります。

まず、(1) 情報収集です。『東京都ホームページ』の「これまでの報道発表」や『とちょうダイアリー』などから、都政において重要と思われる計画等をピックアップします。ピックアップすべき事項については、「出題傾向」を参考にしてください。なお、「これまでの報道発表」は、月別に、出題分野と対応する形で、「計画・財政」（＝「計画・方針等」）、「調査結果」（＝「調査等」）と分類されているので、情報収集しやすいと思います。

　次に、(2) 内容の記憶です。ある程度、出題予想を立てた後、各事項について重要なポイントを記憶していきます。概要版や報道発表資料などは、各事項のポイントがよくまとまっているので、まずはこうした資料を確認することから始めるとよいでしょう。記憶する際には、キーワードを中心に大まかな内容をつかんだうえで、細部の数字などを押さえていくようにしましょう。数字は、「計画・方針」であれば計画年数や目標値、挙げられている施策数など、「調査」であれば順位や何割の人がどう回答したかなどが出題されやすいポイントです。ただし、これらの事項は、資料をただ漠然と読み込むだけではなかなか記憶できません。そこで、テーマごとに、キーワードや数字などの要点をまとめていく方法が有効だと考えられます。通勤時間や空き時間を活用してこまめに確認することで、記憶が定着していくでしょう。

　最後に、(3) 問題演習です。できる限り多くの問題を解いていきましょう。また、「(2) 内容の記憶」の前に問題演習から始めるというのも効果的な方法です。問題を先に解いてみることで、出題傾向を肌で感じることができ、暗記すべきポイントをより絞りやすくなるでしょう。問題を解いた後は、必ず全ての選択肢について解説をチェックしましょう。解説だけで十分に理解できない場合は出典元の資料も確認し、関連事項も覚えておくと効果的に学習を進められます。

問題 1　令和3年5月に総務局が発表した「東京都政策連携団体経営改革プラン（2021年度～2023年度）」に関する記述として、妥当なのはどれか。

1　「経営改革プラン」は、政策連携団体が、経営改革に資する取組をまとめた10か年計画である。

2　「経営改革プラン」は、その後の進捗状況や外部環境の変化等を踏まえ、目標や年次計画等を3年に1度見直す予定としている。

3　「経営改革プラン」には、団体別に基礎情報、財務情報及び、団体の経営課題を踏まえた経営目標のみ記載している。

4　「経営改革プラン」を東京都政策連携団体経営目標評価制度の対象として、毎年度、進捗を管理することとしている。

5　第2期経営改革プランの策定に当たっては、デジタルトランスフォーメーション（DX）及びポスト・コロナ社会の2つの視点により、新たな課題を的確に捉えた経営目標を設定することとした。

解説 1

1　**誤り。** 3か年計画である。

2　**誤り。** 毎年度見直す予定としている。

3　**誤り。** 全団体が取り組むべき共通の経営目標も記載している。

4　**正しい。**

5　**誤り。** 民間企業や政策連携団体間での連携も含めた3つの視点を踏まえ策定した。

正答　4

問題 2　令和3年6月に改定を発表した「東京都無電柱化計画」に関する記述として、妥当なのはどれか。

1　都道の無電柱化の整備については、これまでの年間当たりの整備規模を維持し、区部及び多摩地域において都道（既存道路）の無電柱化を進めていくとしている。

2　本計画では、島しょ地域を除く都内全域を対象地域とし無電柱化を実施

161

していくとしている。

3　計画期間を2021（令和3）年度から2030（令和12）年度までの10か年とし、国道や区市町村道も含め、都内における無電柱化の整備計画を定めることとしている。

4　都は、無電柱化を積極的に推進しており、ロンドンやパリ、香港、シンガポールなどの諸外国の主要都市と同等の無電柱化率となっている。

5　都は、「都市防災機能の強化」「安全で快適な歩行空間の確保」「良好な都市景観の創出」を目的に、国や区市町村、関係事業者と連携し、無電柱化を積極的に推進することとしている。

解説2

1　**誤り**。これまでの年間当たりの整備規模を倍増させ、スピードアップを図ることとしている。

2　**誤り**。島しょ地域を含む都内全域を対象地域としている。

3　**誤り**。2021（令和3）年度から2025（令和7）年度までの5年間である。

4　**誤り**。東京の無電柱化率は、諸外国の主要都市に比べ、依然として低い水準である。

5　**正しい**。

正答　5

問題3　令和3年7月に都が策定した「東京デジタルファースト推進計画」に関する記述として、妥当なのはどれか。

1　本計画は、東京デジタルファースト条例に基づく「情報通信技術を活用した行政の推進に関する計画」に位置付けられている。

2　本計画の第一期計画期間は、令和3年度から令和7年度までの5か年である。ただし、個別施策について、更に長い期間を設定することが適当な場合はこの限りではない。

3　本計画の対象となる行政手続の範囲は、内部手続を除く、各局等の都民や事業者と接点がある全ての手続であるが、国の法令等に基づき各局等が

行う手続も含まない。

4　本計画全体のKPI（政策評価指標）は、対象となる行政手続のうち、オンライン化した手続数の割合としており、KPIの最終目標は70％である。

5　本計画の基本方針は、「利用者中心のデジタル化の推進」、「デジタルファーストを旨とする行政手続」、「情報システムの整備等」、「デジタルデバイドの是正」、「区市町村との連携・協力等」の5つで構成されている。

解説 **3**

1　**正しい。**

2　**誤り。**第一期計画期間は「令和3年度から令和5年度までの3か年」である。

3　**誤り。**国の法令等に基づき各局等が行う手続も「含む」としている。

4　**誤り。**最終目標は「100％」である。

5　**誤り。**「政策連携団体のデジタル化」を加えた6つで構成されている。

正答　1

問題 **4**

令和3年9月に総務局が発表した「新しい多摩の振興プラン」に関する記述として、妥当なのはどれか。

1　本プランは、社会経済状況の大きな変化を踏まえ、令和3年度からの5か年で都が実施する取組を中心に、その方向性や具体的な取組を多摩に特化した視点で取りまとめている。

2　本プランは、それぞれの地域の特性を活かし、賑わいと活力に満ち溢れ豊かな自然と都市機能が調和したより良い多摩を、サステナブル・リカバリーの視点を持って都と市町村でつくりあげることを取組の基本方針としている。

3　本プランは、多摩地域の更なる発展を目指した7つのカテゴリーの取組を、3つの方向性により推進していくこととしている。

4　多摩地域は、地勢、人口動向、土地利用、産業構造など、地域によって特性や課題は様々であるが、誰ひとり取り残さない持続可能な社会の実現を目指す国際目標であるSDGsの視点から、地域ごとではなく、多摩地域

全体の状況分析により取組を推進していくこととしている。

5　今後の人口減少・少子高齢化やコロナ禍における社会の大きな変化・変革を受け入れつつ、都と市町村との緊密な連携により、コロナ以前の社会に戻るための取組を推進していくこととしている。

▶ 解説 **4**

1　**誤り。**令和３年度から３か年で都が実施する取組を中心に取りまとめている。

2　**正しい。**

3　**誤り。**６つのカテゴリーの取組と２つの方向性により推進していくこととしている。

4　**誤り。**地域ごとの実情を把握・整理し、プランを策定している。

5　**誤り。**コロナ以前の社会に戻るのではなく、サステナブル・リカバリーの視点を持ちながら、多摩の更なる発展を目指していくこととしている。

正答　2

▶ 問題 **5**　令和４年１月にオリンピック・パラリンピック準備局が発表した「TOKYOスポーツレガシービジョン」に関する記述として、妥当なのはどれか。

1　東京2020大会の成果を今後どうスポーツ振興に活かし、都市の中で根付かせていくか、その姿を示すために、東京都及び東京オリンピック・パラリンピック競技大会組織委員会が共同で策定した。

2　大会の多岐に渡るレガシーを「スポーツ・健康」、「街づくり・持続可能性」、「文化教育」、「経済・テクノロジー」、「復興・オールジャパン・世界への発信」の５つの柱にまとめている。

3　大会を彩ったメダルや表彰台、ムラール等に込められた重要なメッセージをアーカイブ資産とともに未来に継承していくとしている。

4　都立スポーツ施設の戦略的活用の取組として、大会のレガシーを活かし、スポーツ振興の拠点として更なる活用を図りつつ、周辺施設や地域との連携を深めるとしているが、エンターテイメントなどの新たな体験を提

供することは想定していない。

5　大会を通じて、スポーツ実施気運やパラスポーツへの関心の高まり・大会を支えたボランティアの活躍といったソフト面のレガシーが多く芽生えた一方、スポーツ施設の整備などハード面には課題があるとしている。

▶解説 5

1　**誤り**。東京都が策定したビジョンである。

2　**誤り**。「都立スポーツ施設の戦略的活用」や「国際スポーツ大会の誘致・開催」、「スポーツの場を東京の至る所に拡大」など7つの点について、主な取組を記載している。

3　**正しい**。

4　**誤り**。スポーツでの更なる活用、施設・地域との連携に加え、エンターテイメントやユニークベニュー、最先端技術の活用など新たな体験の提供により、施設が持つポテンシャルを最大限発揮するとしている。

5　**誤り**。大会を通じて、スポーツ施設の整備やバリアフリーの進展などハード面も充実したとしている。

正答　3

▶問題 6

令和4年1月にオリンピック・パラリンピック準備局が発表した「パラリンピック後の都民意識調査結果」に関する記述として、妥当なのはどれか。

1　東京2020パラリンピックについて、競技等を観戦又は見たり、関わることがあったかを聞いたところ、「観戦又は見た」と答えた人は約3割であり、リオ2016パラリンピックと同程度であった。

2　東京2020パラリンピックを観戦又は見た感想を聞いたところ、「とても楽しめた」と「楽しめた」の合計は約6割であった。

3　東京2020パラリンピックの開催によって得られた効果を聞いたところ、「パラアスリートの認知度の向上」と答えた人が最も多く、次いで「共生社会への理解促進」であった。

4　障害者手帳を保有していない人のうち、東京2020大会の開催決定以

降、障害のある人に対する意識に変化があったと思うか聞いたところ、約3割の人が「障害のある人に対する理解が進んだ」と回答した。

5 東京2020大会の開催決定以降の都内のバリアフリー化が進んだと思うものを聞いたところ、「体育館、プール等の社会体育施設」が最も多く、次いで「ホテル、旅館等の宿泊施設」であった。

解説6

1 **誤り。**「観戦又は見た」は4割を超え、リオ2016パラリンピックから大幅に増加した。

2 **誤り。**大会を見た人のうち、8割を超える人が競技を楽しめたと回答した。最も楽しめた競技は、「車いすバスケットボール」が最多であった。

3 **誤り。**「障害者への理解促進」が最も多く（約4割）、次いで「パラスポーツ（障害者スポーツ）の普及促進」であった。

4 **正しい。**

5 **誤り。**「美術館、博物館等の文化施設」、「病院、診療所等の医療施設」が最も多かった。

正答 4

問題7 令和4年度（2022年度）東京都当初予算に関する記述として、妥当なのはどれか。

1 一般会計の予算規模は、東京2020大会開催などにより過去最大であった令和3年度当初予算に次ぐ、7兆8,010億円となった。

2 都税収入は、新型コロナウイルス感染症の影響に伴う企業収益の悪化などによる法人二税の減などにより、前年度に比べて11.6%の減となった。

3 都債については、環境改善や社会課題解決を目的としたESG債の発行や、新型コロナウイルス感染症対策としても積極的に活用した結果、令和4年度末における都債残高は増加する見込みとなった。

4 令和4年度予算では、事業効果をできる限り早期に都民に還元する観点から、事業計画やスケジュールの加速化を追求するとともに、必要に応じ

て債務負担行為なども積極的に活用している。

5　令和4年度予算編成では、都民による事業提案制度の応募要件を満18歳以上（大学1年生に相当する年齢）に引き下げた結果、大学生からの提案を踏まえた新規事業の構築も行われた。

解説 7

1　**誤り。**令和4年度当初予算の一般会計予算規模は、前年度に比べて5.1％増の7兆8,010億円で過去最大となった。

2　**誤り。**都税収入は、企業収益の持ち直しによる法人二税の増などにより、11.6％の増となった。

3　**誤り。**令和3年度最終補正予算及び4年度当初予算において発行額を抑制したことにより、4年度末における都債残高は減少する見込みとなった。

4　**正しい。**

5　**誤り。**応募要件は満15歳以上（高校1年生に相当する年齢）に引き下げられ、高校生からの提案を踏まえた新規事業の構築も行われた。

正答　4

問題 8

令和4年2月に都が公表した「『未来の東京』戦略　version up 2022」に関する記述として、妥当なのはどれか。

1　バージョンアップの視点として、「新型コロナウイルスの長期化の影響」と「子供の目線からの政策展開の必要性」の2点を掲げている。

2　「未来の東京」戦略に盛り込んだ戦略や推進プロジェクトを「グリーン＆デジタル」や「チルドレンファースト」など7つの切り口から強化し、要素別に整理している。

3　「未来の東京」戦略を展開するスタンスの1つである「サステナブル・リカバリー」の視点から、環境政策分野を選択・集中して取組を強化している。

4　東京2020大会を通じて生み出されたハード・ソフトの様々なレガシーを発展させ、多様性を包摂性に溢れた「未来の東京」を創り上げる方向性を示している。

5　政策のバージョンアップに際して実施（2021年12月）した都民意見アンケートにおいて、「未来の東京」に向けて重要だと思う取組は、「子供が笑顔で子育てが楽しいと思えるまちづくり」が「地震、風水害や感染症などに強い安全・安心なまちづくり」を上回り、最多となった。

解説 8

1　**誤り。**「東京2020大会の成果を都市の発展へつなげる」と「時代のニーズや状況変化に迅速に対応」の2点である。
2　**誤り。** 政策をバージョンアップする6つの切り口である。
3　**誤り。** 環境や学び、まちづくりなど、様々な政策分野において取組を強化している。
4　**正しい。**
5　**誤り。**「地震、風水害や感染症などに強い安全・安心なまちづくり」が56.4％で最多となった。

正答　4

問題 9

令和4年2月に都が公表した「シン・トセイ2　都政の構造改革 QOSアップグレード戦略　version up 2022」に関する記述として、妥当なのはどれか。

1　各局事業のサービス提供のあり方や仕事の進め方そのものを改革するため全庁横断で取り組んできた「コア・プロジェクト」は一定の成果を挙げたことから廃止するとともに、その成果を取り込んだ「各局リーディング・プロジェクト」を強化するため、新たに17のプロジェクトを追加した。
2　改革実践のスタンスとして、都民や事業者などユーザーとの対話を徹底するため、QOS（Quality of Service）の数値化については最小限にとどめるとしている。
3　ペーパーレスなど5つのレスの取組を継続・拡充していくとしており、2025年度までに、コピー用紙を2016年度比で70％削減するとしている。
4　年度単位を基本としながらも、様々なデジタルツールを活用することに

より、事業執行のスピードアップを図るとしている。

5 2021年11月から12月にかけて実施された、「デジタル化に関する都民の実態調査」によると、デジタル化された行政手続きの総合満足度は、ニューヨークなど海外5都市が63%であるのに対し、東京は3割未満となっている。

解説9

1 **誤り**。「コア・プロジェクト」については、更に取組を加速させるとしている。

2 **誤り**。QOSについては徹底して数値化するとしている。

3 **誤り**。2016年度比70%削減は2022年度の目標である。

4 **誤り**。年度単位を慣例とする思考から脱却し事業執行をスピードアップするとしている。

5 **正しい**。

正答　5

問題10　令和4年2月に総務局が公表した「東京都パートナーシップ宣誓制度」素案に関する記述として、妥当なのはどれか。

1 本制度は、東京都オリンピック憲章にうたわれる人権尊重の理念の実現を目指す条例とは関係ない。

2 本制度は、双方又はいずれか一方が性的マイノリティであり、互いを人生のパートナーとして、相互の人権を尊重し、継続的に協力し合うことを約した二者であると宣誓した者であれば対象となる。

3 本制度は、性的マイノリティのパートナー関係を証明することを目的とし、都民サービス等の利用時に活用できるものではない。

4 「性的マイノリティ」とは、性的指向が必ずしも異性のみではない者であり、性自認が出生時に判定された性と一致しない者は含まれない。

5 本制度は、パートナー関係にある性的マイノリティの生活上の不便等の軽減など、当事者が暮らしやすい環境づくりにつなげるとともに、多様な性に関する都民の理解を推進するために創設するものである。

1 **誤り。**人権尊重条例の理念を踏まえ、パートナー関係にある性的マイノ
リティの生活上の不便等の軽減など、当事者が暮らしやすい環境づくりに
つなげるとともに、多様な性に関する都民の理解を推進するために創設す
るものである。

2 **誤り。**設問の宣誓に加え、双方が成年に達していること、双方に配偶者
（事実婚を含む。）がいないこと、かつ双方以外の者とパートナーシップ関
係にないこと、などの要件を満たす必要がある。

3 **誤り。**都民サービス等の利用時に活用できるよう検討することとしてい
る。

4 **誤り。**「性的マイノリティ」とは、性自認が出生時に判定された性と一
致しない者又は性的指向が必ずしも異性のみではない者をいう。

5 **正しい。**

正答　5

　　令和4年3月に発表した「東京ベイeSGまちづくり戦略2022」
に関する記述として、妥当なのはどれか。

1 サステナブル・リカバリーの視点に立ち将来像を実現するための戦略と
して、「質の高い緑と魅力ある水辺空間の形成」、「デジタルと先端技術の
実装」、「にぎわい・交流・イノベーションを生むまちの実現」の3つの戦
略を示している。

2 戦略1「質の高い緑と魅力ある水辺空間の形成」では、舟運の活性化、
港湾・空港などの都市基盤の整備、BRT、地区内交通の充実などを掲げ
ている。

3 本計画では、今後の10年間で取り組むべき都市づくりの方向性を反映
している主要な取組を主要施策として記載している。

4 対象エリアは、概ね明治以降の東京の埋立地を基本とし、環状七号線よ
り海側のエリアとする。

5 本計画は、「東京ベイeSGプロジェクト」（Version1.0）の具現化を下支
えし、未来の都市像からバックキャストした2040年代のベイエリアを実

現するための実行戦略である。

解説11

1　**誤り**。「質の高い緑と魅力ある水辺空間の形成」、「防災減災対策の推進」、「デジタルと先端技術の実装」、「にぎわい・交流・イノベーションを生むまちの実現」、「まちの魅力と活動の基盤となる移動手段の充実」の5つの戦略を示している。

2　**誤り**。舟運の活性化、港湾・空港などの都市基盤の整備、BRT、地区内交通の充実などは、戦略5「まちの魅力と活動の基盤となる移動手段の充実」の内容である。

3　**誤り**。今後の20年～30年間で取り組むべき都市づくりの方向性を反映している主要な取組を主要施策として記載している。

4　**誤り**。対象エリアは、放射16号（永代通り）、首都高速都心環状線、放射19号（旧海岸通り及び第一京浜）、放射17号（産業道路）より海側のエリアである。

5　**正しい**。

正答　5

問題12

令和4年3月に都が策定した「東京文化戦略2030」に関する記述として、妥当なのはどれか。

1　本戦略は、2022年度から2030年度までの長期計画であり、2040年代における東京のあるべき姿を描き、東京都の文化行政の方向性や重点的に取り組む施策を示している。

2　東京の将来像として、「都民の誰もが身近に芸術文化に触れることができる」、「楽しむ、発見する、育てる、創造する好循環が生み出されることでアートシーンが拡大」、「芸術文化で東京が躍動し、アーティストの生活が豊かになる」など、「芸術文化で躍動する都市東京」を目指している。

3　目指すべき将来像を実現するため、本戦略では3つの戦略として「人々のウェルビーイングの実現に貢献する」、「人々をインスパイアする」、「芸術文化のハブ機能を強化する」を掲げている。

4　本戦略では、各戦略を実行していくため4つの重点手法を重視しており、デジタルテクノロジーの活用、都民の芸術に対する興味や適切な理解の促進、目標を実現する担い手の育成、関係自治体との連携強化を掲げている。

5　本戦略では、各戦略を実行していくため、20の「推進プロジェクト」を設定している。

▶解説12

1　**正しい。**

2　**誤り。**「アーティストの生活が豊かになる」ではなく「都民の生活が豊かになる」である。

3　**誤り。**4つの戦略を掲げている（「持続性のある芸術文化エコシステムを構築する」）。

4　**誤り。**「都民の芸術に対する興味や適切な理解の促進」ではなく「企業等との協働」である。

5　**誤り。**「10」の推進プロジェクトを設定している。

正答　1

▶問題13

令和4年3月に発表した「東京都交通局経営計画2022」に関する記述として、妥当なのはどれか。

1　本計画では、経営理念・経営方針に基づき、今後5年間の経営の方向や、各事業が抱える課題の解決に向けた具体の取組を示している。

2　計画期間における具体的な取組のうち「01　安全・安心の確保」では、2023年度までに都営地下鉄全線にホームドアを整備するとしている。

3　計画期間における具体的な取組のうち「02　質の高いサービスの提供」では、地下鉄駅の全駅でエレベーター等による1ルートの整備を推進していくとしている。

4　計画期間における具体的な取組のうち「03　東京の発展への貢献」では、三田線のリニューアル・プロジェクトを推進していくとしている。

5　高速電車事業における財政収支計画では、財政収支計画期間中の経常損

益は赤字で推移するものの、更なる旅客誘致や費用の縮減等を図ることで、経常赤字の縮減に努めることを目標としている。

解説13

1　**誤り**。今後3年間の経営の方向や、各事業が抱える課題の解決に向けた具体の取組を示している。
2　**正しい**。
3　**誤り**。全駅で1ルートの整備は既に完了し、今後は、駅の構造や周辺状況等を踏まえながら、バリアフリールートの複数化を進めていく。
4　**誤り**。「03　東京の発展への貢献」では、浅草線のリニューアル・プロジェクトを推進していくとしている。
5　**誤り**。設問の財政収支計画の内容は、自動車輸送事業（都営バス）の収支目標である。

正答　2

問題14
令和4年3月に中央卸売市場が策定した「東京都中央卸売市場経営計画」に関する記述として、妥当なのはどれか。

1　本計画は、「2040年代の中央卸売市場の姿」及び「持続可能な市場経営」の実現に向け、令和4年度から令和6年度までの3年間で、都が取り組む施策と財政計画を示す中期経営計画である。
2　DXの推進等による商流の高度化・効率化や輸出拡大に向けた活動等の支援など、意欲ある市場業者の取組を後押しすることなどにより、市場業者の稼ぐ力を強化し、市場を活性化していくとしている。
3　施設の改築等を行う場合、都が建物の構造体（スケルトン）と設備（インフィル）を一括して整備することにより、流通環境や顧客ニーズの変化に迅速に対応していくとしている。
4　市場業者の経営等への影響を考慮し、使用料額の改定に関する検討は行わないとしている。
5　各市場の取扱数量や取扱金額を伸ばし、売上高割使用料収入を毎年1.5％ずつ増加させていくことができた場合、令和31（2049）年度に経常収

支が黒字化し、資金ショートを回避できるとしている。

1　**誤り**。計画期間は、令和4年度から令和8年度までの5年間である。
2　**正しい**。
3　**誤り**。設備（インフィル）については、施設の使用者が柔軟に整備を行うことを基本的な考え方としている。
4　**誤り**。使用料額についても、受益と負担の観点から検証を行い、必要に応じて改定について検討するとしている。
5　**誤り**。売上高割使用料収入については、毎年5.5％ずつ増加させていくことを想定している。

正答　2

問題15　令和4年3月に都が策定した「第三次主要施設10か年維持更新計画」に関する記述として、妥当なのはどれか。
1　本計画の計画施設は278施設であるが、その選定に当たっては「おおむね築35年を経過し、延床面積3,000㎡以上の施設」と「おおむね築10年を経過し、延床面積10,000㎡以上の施設」に限られている。
2　本計画は、令和4年度から令和13年度までの10年間を計画期間とし、さらに計画期間を三期に分割しており、選定した施設以外の整備は行わない。
3　計画を推進していくための取組として、都政の重要課題等を反映した維持更新の推進、長寿命化の推進、都有財産の効率的かつ効果的な活用を掲げている。
4　本計画では、建築物の長寿命化を推進するため、大規模改修を中心とした整備計画を推奨している。
5　長寿命化の取組により、本計画における都有施設が目指す目標使用年数は65年以上であるが、施設の劣化状況等から長寿命化に適さない施設については、原則として継続使用することとされている。

解説15

1 **誤り。**その他、維持更新が特に必要な施設についても選定している。

2 **誤り。**各期の前年度に、必要に応じて内容を見直すとしている。

3 **正しい。**

4 **誤り。**部分改修や設備改修など、多様な整備手法及び整備時期の検討を促している。

5 **誤り。**「原則として改築とする」とされている。

正答　3

論文攻略法

第1節 主任論文に求められるもの

　主任選考Aは、「都政に関する出題」「職場に関する出題」のうちどちらか1題を選択し、2時間30分で作成します。

　出題は、課題文に添付された事例と資料を分析し、(1)(2)と分けて論述することが求められます。(1)では、資料等の課題を抽出・分析した上で、出題テーマに関する基本的認識を300字以上500字程度、(2)では(1)で提示した課題に対する具体的な解決策を1200字以上1500字程度で、それぞれ論述します。

　具体的には、「都政に関する出題」については、新聞記事や調査報告等の資料が添付され、そこから課題を抽出する出題形式となります。一方、「職場に関する出題」については、設問中の職場に関する組織図や課題に関連した資料が添付され、細かく設定された職場状況から、課題を抽出する出題形式となります。

　都主任選考Bは年齢40歳以上の職員を対象とし、主任選考Aと同日に試験が実施されます。試験科目は論文のみです。出題される3題のうち1題を選択し、1000字以上1500字程度の解答を2時間で作成します。

「論文試験」とは

　それでは初めに、論文試験とは何かについて確認していきましょう。

　論文とは、あるテーマについて、自分の意見を論理的に伝える文章を言います。論理的に書くという点で、自分が感じたこと、思ったことを書きつづる感想文や随筆とは異なります。また、筆者の意見を積極的に述べるという点では、事実を書くリポートや報告書とも異なります。

　論文試験では、与えられたテーマについての状況把握や状況分析、その分析に基づいた課題の設定、課題に対する解決策の提示という流れで、論理展開に一貫性を持たせて自分の意見を述べていくことが必要です。

特に主任選考の論文では、職員として都政が現実に直面する課題に対し、どのような解決策を講じるのか、主任として職場での業務遂行上の課題を見いだし、どのような改善策を講じるのかについて、論理的かつ具体的に書くことが求められます。

評価のポイント

次に、どのような論文が評価されるのかを確認していきましょう。どんな試験にも当てはまることですが、採点する側がどのような点を評価のポイントとしているのかを知ることで、試験対策を効果的に進めることができます。

1 問題意識

第1のポイントとして、出題されたテーマに対して高い問題意識を持っていることが求められます。「都政に関する出題」では都政全体を視野に入れ、自らの視点で課題を抽出、分析して論じること、「職場に関する出題」では事例の職場における課題を的確に抽出し、抽出した課題について主任としての役割を認識しつつ自分なりの問題意識から論じることが必要です。

2 問題解決力

第2のポイントとして、抽出・分析した課題に対し、具体性や現実性、効果等を踏まえた解決策を論じなければなりません。

出題されるテーマは、現実の都政や区政と無関係に設定されているわけではなく、実際の課題などのテーマが設定されるケースがあります。出題側としては現実に直面している課題について、その職員自身の考えを求めているのです。このため、テーマに即していない論文は当然、低評価となります。

さらに、内容には具体性が求められます。抽象的、客観的なものではなく、日々直面している課題についての対応策など、具体的かつ現実的な内容を記載することが重要です。論文を書く際には、これまで仕事を通じて経験してきたことや経験に基づく想像力を総動員して、具体的な記述に結びつけ

179

ましょう。

3　論理性

　第3のポイントとして、文章が論理的かどうかという点が挙げられます。

　論文を書く場合には、「状況把握」→「分析・解釈」→「提案」という論理の型で組み立てます。どのような論文でも、論理の型は基本的に同じです。

　そして、書いた論文は上司や先輩に添削を依頼しましょう。添削により、自分では気付かなかった論理の飛躍や、抽出した課題と提示した解決策との矛盾など、論理性の点での指摘を受ける場合が少なくありません。論理性に関しては、自分では矛盾がないと思っていても、実際には論理の一貫性がないケースもあるので、なかなか改善しにくいと言えます。基本となる論文の型を身に付けるとともに、論理性を効果的に高めるため、論文の添削は不可欠です。

4　表現力

　第4のポイントは、表現が分かりやすいかどうかです。

　誤字や脱字がないか、適切な語彙が使われているか、文章が冗長になっていないかなどの点に注意しつつ、都政に携わる職員として適切で分かりやすい表現を心掛けましょう。抽象的な表現や難解な言葉は避けてください。

5　その他

　これらのほか、積極性も重要な評価ポイントの一つになります。行政に携わる者として、問題の解決に主体的に関わっていく熱意や新しい課題、困難にも果敢に挑戦していくチャレンジ精神も問われています。日頃から積極性を持って仕事に取り組むことで、様々な気づきや学びを得る機会が増え、それらの経験が論文を書く際の材料となっていきます。試験の時だけでなく日常の業務から積極性をもって業務に取り組んでいきましょう。

第2節 傾向と対策

情報収集

1　採点基準

　都人事委員会が「主任級職選考における論文採点の基本的な考え方等について」（令和3年6月25日に発表）で採点基準を示しています。同基準では、「問題意識」「問題解決力」「論理性」「表現力」の4点を評点項目に挙げています。

　「問題意識」は、資料などから課題を的確に捉えることができるかがポイントとなります。ただ、問題点を示すだけでは不十分です。課題として取り上げた理由や、課題の発生原因まで踏み込んでまとめる必要があります。問題意識を高めるには、職場で日頃から課題を探しながら業務に当たる意識が不可欠です。

　「問題解決力」に関しては、実現可能な解決策を示すことが重要です。職場で課題に対する解決策を考えることがトレーニングとなります。過去の問題にトライするなどし、取り組みのアイデアを出す練習をしておきましょう。準備をしていないテーマが出題された場合でも、事前に何度か書く練習をしていれば、それを応用させることによって対応することができます。

　ただし、事前に用意した論文を出題内容と関係なく再現するだけの論文は大幅に減点されますので、出題に沿った取り組みとするよう注意が必要です。

　「論理性」については、実際に書き始める前にどれだけしっかりと構成を練られるかがカギとなります。特に、課題と解決策に矛盾がないかが問われます。その取り組みをすることによってどのような効果が生まれ、いかにして課題の解決へと結びついていくかが読み手に分かりやすく伝わるよう心掛けてください。それだけでなく、全体として、出題内容に正面から答えられているかを意識することが必要です。

　「表現力」については冗長な文章にならず、できるだけ簡潔な表現で読み

181

やすい文章にすることが大切です。また、文章の間に適切な接続詞を用い、流れが分かりやすい論文になるよう意識してください。文章を書くことに苦手意識がある人は練習を繰り返すことをお勧めします。

また、語彙力に自信がない人は、あらかじめ使える表現をピックアップし語彙リストを作成することも有効です。

2 合格者再現論文

採点基準の確認と並行し、合格者再現論文の読み込みは早期に行う必要があります。合格レベルの論文を作成するためには、過去の合格者の論文を参考にすることが有効です。合格者再現論文を読み込むことによって、合格水準や論文の構成などを理解することができます。また、優れていると思う表現はストックしておき、自身が論文を作成する際に活用しましょう。

3 参考資料

都政ものを記述する場合には、現在の都政の動向、各局の事業や課題などを情報収集しておく必要があります。「『未来の東京』戦略」はもとより、知事の施政方針や所信表明、各局が策定する主要な計画などについて、都のホームページや都政新報などで日頃から情報収集に努めましょう。また、平成29年度以降は出題形式の見直しにより、課題文に資料が添付されています。前述した参考資料から情報収集を行う際には、掲載されている図表やグラフなども併せて確認するようにしましょう。

準備論文の作成

1 問題の準備

論文作成にあたり、まずは問題を用意する必要があります。これまでの出題傾向から、予想問題を作成しましょう。過去問や職場で出題してもらえる場合はそれを活用してもよいでしょう。

2 構成の決定

論文の構成は、4段構成（起承転結）と3段構成（序破急）があります。

合格者再現論文等を参考に、自身が書きやすく、評価項目に沿った論文となるような構成を確立しましょう。ここでは3段構成の一例について紹介します。

　解答(1)　課題抽出と問題提起のセットを三つ

　解答(2)　解答(1)で挙げた課題に対して、①背景②解決策③効果のセットを三つ。必要に応じて、最後に結論を記述します。

　平成28年度以前は、主任級職に昇任する上での決意表明を最後に記述するのが一般的でしたが、基本的な考え方では「主任級職選考の論文試験は、受験者自身が主任級職に昇任する上での決意についての出題ではなく、決意表明の有無を評価の対象としない。設問で問われていることに対し、十分に字数を使って論述すること」を求めています。

3　作成のポイント

　テーマと構成が決まったら、実際に論文を作成していきます。最初は時間を気にせず、自由に書き、字数がオーバーしていたら少しずつ削っていき、制限字数内に収まるようにします。

　解答(1)と解答(2)に分け、論述する際のポイントを説明しますので、参考にしてください。

解答(1)

〈都政もの・職場もの共通〉

　基本的な考え方に「解答(1)の内容を踏まえて、解答(2)が論じられている」ことを採点の観点とする旨が記載されている以上、(1)と(2)の解答は関連している必要があります。論理矛盾がない論文を作成するには、構成に沿ったレジュメを作成し、あらかじめ課題とそれに対応した解決策を整理しておくとよいでしょう。

〈都政もの〉

　問題文に「資料を分析して課題を抽出し」と書かれているため、「資料○によると」といった表現を使用し、資料を十分に踏まえて課題を分析・抽出していることを示しましょう。また、論文で取り上げる資料の点数が指定されていることにも注意が必要です。

第**3**章

論文攻略法

〈職場もの〉

　平成28年度以前は、導入部に社会経済情勢や都政を取り巻く環境について論述する論文が多く見受けられましたが、基本的な考え方では、導入部の論述とその後の課題に関する論述との関連性の説明がない、または非常に少ない場合は評価が低くなります。低評価を回避するためにも、設問で問われている課題の論述に十分に字数を使うようにしましょう。

　事例の職場が抱える課題を的確に抽出できるかが最大のポイントとなります。その際、複数挙げる課題が重複しないよう注意しましょう。また、「資料○によると」や「事例の職場では」といった表現を使用し、資料や問題文を十分に踏まえて課題を分析・抽出していることを示すようにします。

解答(2)

〈都政もの・職場もの共通〉

　具体的な解決策の前に、課題の背景を的確に論述することで、説得力の高い論文となります。現状の課題にとどまらず、課題の背景及び原因を分析して論述し、その原因が解決できるような取り組みを論述しましょう。

　解決策は、誰も考えたことがないような内容でも問題ありません。発想力よりも実現性や具体性のある解決策が求められています。

　解決策の分量や内容に偏りが出ないよう、具体性や統一感などのバランスを整えましょう。また、順序も重要で、優先度が高い取り組みを最初に論述するなど、課題解決の優先順位を意識するようにしましょう。

　論理性という観点では資料から素直に読み取れる論点に対し、矛盾のない文脈で論述することが重要です。読み手を意識し、接続詞を適宜使いながら、一読で理解できるような文章を書くよう心掛けましょう。そのためには、1文60字程度を目安にするとよいでしょう。

〈都政もの〉

　解決策は、新たな取り組みを提案するか、または現在都が行っている事業に対する改善策などを述べても構いません。いずれにしても、現実的かつ具体的な取り組みである必要があります。なお、既存の施策を真っ向から否定するような論述は避けたほうがよいでしょう。

　都の所掌範囲でない解決策とならないように十分注意しましょう。ただ

し、「国と連携して○○を進める」や「区市町村の□□が推進するよう支援していく」などの記述は問題ありません。前述した参考資料などで業務の所掌範囲を確認するようにしましょう。

〈職場もの〉

　事例の状況を反映した論文とすることが求められていますので、一般論としての取り組みを書くのではなく、事例を踏まえた論述となるように十分注意してください。

　主任としての役割を踏まえた解決策を論述します。例えば、課長代理に問題提起して解決策を提案したり、主事に指導・助言を行ったりするなど、チームとして解決策を推進していくのが主任の役割となっています。「定例会を開催する」「業務分担を見直す」等の取り組みは、主任の所掌範囲を超えることになるため、書き方に注意が必要です。

　事例の職場の課題解決は「自分自身」で取り組むことを常に意識し、論文では「～と考えられる」「～を行う必要がある」といった文末ではなく、「（主任として）～していく」「～する」と言い切るようにします。

4　推敲

　最初から筋の通った文章を書くことは難しいものです。作成した論文には、次の観点から推敲を重ねましょう。

　▽資料と問題文から適切に課題抽出ができているか▽適切な解決策を提示しているか▽課題と解決策に重複はないか▽課題と解決策を論述する順番は妥当か▽課題と解決策の対応は適切か▽課題と解決策の分量は適切か▽論理構成に飛躍はないか▽内容に統一性はあるか▽同じ表現を繰り返していないか▽1文が長くなっていないか▽読みにくい表現はないか

5　添削指導

　論文を書き上げたら、必ず直属の上司に添削を依頼しましょう。第三者の視点で論文を見てもらうことで、内容や表現をさらに向上させていきます。

　最初は多くの指摘が入るかと思いますが、添削を受けた部分を整理し、書き直した後、再度添削を依頼します。これを繰り返すことで、合格レベルの論文に近づいていきます。

第3章

論文攻略法

また、修正箇所を明確にすることができるため、可能であれば複数の管理職による添削が望ましいでしょう。

レジュメの作成

論文を数本準備したら、あとは課題・背景・解決策・効果をセットとしたレジュメを作成し、ストックを増やしましょう。併せて、資料から課題を的確に抽出する練習も必要です。レジュメを作成したら何度も読み返し、通勤時間や昼休みなどを活用して覚えていきます。

手書き練習

約2000字を手書きするのは疲れる作業で、予想以上に時間がかかります。さらに、普段はパソコンで作業することが多いので、漢字を正確に思い出すことができないケースもあります。手書きする際には読み手を意識して、文字を濃く、大きく、丁寧に書くことを心がけましょう。

模擬試験

本番を想定した模擬試験は、自分の実力を検証できる有効な機会です。職場などで実施される場合には、できるだけ参加しましょう。

なお、時間管理に十分注意し、自分の「書くスピード」を計っておくと本番で役に立ちます。

試験本番

本番では、焦ってすぐに書き始めるのではなく、まずは問題文をよく読み、出題意図を把握します。解答するテーマを決めたら、レジュメを作成

し、全体の構成を整理します。

　時間配分の目安について例を挙げると、テーマ選択・レジュメ作成（30分）、論文作成（110分）、推敲・見直し（10分）です。準備した論文を無理やり当てはめようとしないよう、十分注意してください。特に職場ものは、事例の職場に沿った内容を論述しないと大幅な減点になってしまいますので、準備した論文をただ再現するのは避けましょう。

　また、誤字・脱字の確認は必ず行い、減点となるポイントはなくすようにしましょう。字数が一定数以下のものや完結していない論文は、仮に内容が優れていても大幅な減点対象になる場合もあるので、時間が足りなくても最後まで諦めずに書き切るようにしてください。

第**3**章

論文攻略法

187

第**3**節 課題整理

課題整理「都政に関する出題」

1　最近のテーマ

　直近5年間のテーマは次の通りです。

Ⅰ類
【平成29年度】観光振興を通じた東京の持続的な成長と発展の実現
【平成30年度】都民のスポーツ振興
【令和元年度】地域で支え合いながら、高齢者が安心して暮らしていくための施策
【令和2年度】都内のCO₂排出を削減していくための施策
【令和3年度】安全・安心な東京を実現するための施策

Ⅱ類
【平成29年度〜令和3年度】
　特に重要と考える都または局の課題

2　出題傾向

　Ⅰ類、Ⅱ類に応じて系統の異なる問題が出題されています。Ⅰ類は、その時々の都政を取り巻く状況を背景に、個別の政策に関するものが出題されており、Ⅱ類は自ら課題を設定して論じるものが出題されています。

3　課題整理の資料

　Ⅰ類、Ⅱ類とも対策は基本的に同じです。論文対策では、都の計画や事業を全て把握する必要はありません。都政を取り巻く社会情勢や課題、それに対する政策の大きな方向性をつかんでおくことが重要です。その上で、都の

各施策や自らの業務とも関連付け、具体的な解決策を記述します。

そこで、論文の作成に当たって参考となる資料を紹介します。

（1）「未来の東京」戦略（令和3年3月）

都は、「『未来の東京』戦略ビジョン」で示した戦略について、新型コロナウイルス感染症との闘いの中で生じた社会の変化や、新たな課題を踏まえた検討を進め、戦略をバージョンアップし、令和3年3月に「『未来の東京』戦略」（以下、「未来の東京」）を策定しました。

都は、今後取り組む大きな方向性を以下の3つに分けて示しています。

・「50年、100年先も豊かさにあふれる持続可能な都市をつくる」として、環境との共生やグリーンシフトで成長産業と新サービスを育成すること、人口減少など人口調整局面においても、デジタルを駆使して社会変革を遂げることで、持続的な成長を実現する。

・「『爆速』デジタル化で世界からの遅れを乗り越え、国際競争に打ち勝つ」として、デジタルトランスフォーメーション（DX）の強力な推進、行政のデジタル化の徹底、アジアで一番強い経済・金融都市をつくる。

・「『新しいつながり』を紡ぎ、安全安心な『新しい暮らし』を追求する」として、リアルとバーチャルによる新しいつながりの創出や、セーフティーネットのさらなる充実、多様な人のつながりによってイノベーションを生み出していく。

「未来の東京」は、新たな都政の羅針盤として策定する都の総合計画ですので、必ず確認しましょう。

（2）知事の施政方針表明、所信表明

施政方針表明や所信表明は、都知事が考える都政運営の方向性を都議会の場で示すものです。最新の都政の方向性を把握するためにも、目を通しておきましょう。

第3章　論文攻略法

課題整理（職場に関する出題）（1）

　「職場に関する出題」の（1）における課題整理の方法を解説します。

　令和3年度の試験問題を基に、どのように構成を練り、論述していけばよいかを考えていきましょう。

令和3年度問題　　**（主任級AⅠ類・AⅡ類　問題2）**

> 下記の事例と資料を分析し、次の（1）（2）に分けて述べてください。
>
> 　A局のC課は、ある補助金の受付・審査・支払業務を行っている。その補助金の交付を受けようとする事業者は、年度末までに当該年度の実績報告書を提出することになっており、実績報告書の審査及び補助金の支払事務で、例年、3月から出納閉鎖にかけて非常に繁忙な時期となっている。
>
> 　あなたは、審査担当の主任として、本年4月に局間異動でC課に配属された。C課には、あなたの他に審査担当として、4月から局間異動でC課に配属されたD課長代理、担当2年目のE主任、ベテランで担当3年目のF主事、部内異動で担当1年目のG主事の4人がいる。今年度は、あなたとF主事、E主任とG主事がチームを組んで受付・審査に当たり、D課長代理が取りまとめている。また、昨年度からテレワークを実施しており、受付を当番制で行っているが、D課長代理は、親の介護の都合上、週3でのテレワークとなっている。
>
> 　4月中旬になって、急遽、3か月間の災害支援業務へ1名派遣して欲しいとの要請がC課にきた。課内での協議の結果、F主事が派遣されることになり、F主事は「審査についてはマニュアルを確認して下さい。わからないことは、昨年度業務を経験しているE主任に聞いて下さい」とG主事に伝え、支援業務に赴いた。
>
> 　臨時の体制として、あなたはE主任とG主事の3人体制で業務に当たることになったが、自分も含め不慣れな部分が多く、特に、申請書

類の不備への対応に時間がかかっていた。審査案件数が日々増える
中、処理が滞り、4月末の時点で超勤時間が昨年度よりも大幅に増え
ていた。職員も疲弊してきており、C課長から書類のミスを指摘され
ることが増えてきたので、D課長代理から「課長を通じて他部署への
応援要請を考えている。現在の進捗状況と今後の見通しを報告し、業
務の進め方の見直しを行うように」との指示があった。

(1)　　設問のような、急遽減員で対応せざるを得なくなった職場におい
　　　て、担当する業務におけるミスをなくし、円滑に業務を進めていく上
　　　での課題について、簡潔に述べてください。

（300字以上500字程度）

(2)（1）で述べた課題に対して、今後、あなたはどのように課題解決に
　　　向けて取り組んでいくべきか、主任に期待される役割を踏まえ、具体
　　　的に述べてください。

（1,200字以上1,500字程度）

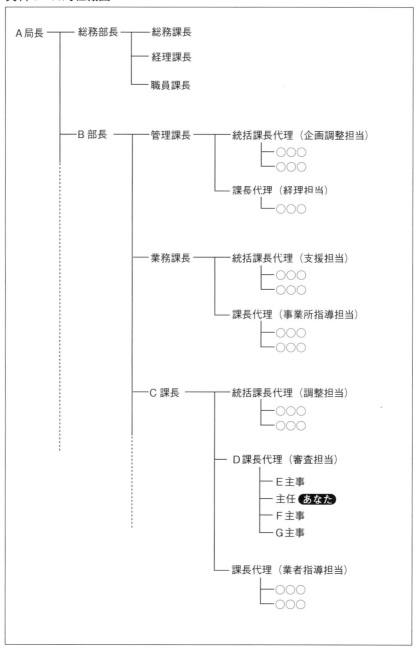

資料2　補助金事務スケジュール（抜粋）

2月	3月	4月	5月
	実績報告受付 →	額の確定等の審査事務 →	出納閉鎖
	→	支払事務 →	
新年度実施要綱・募集要領等の作成 →	プレス発表 ●	新年度募集 →	

資料3　出勤当番表（窓口受付担当）

（F主事派遣前）

曜日	月	火	水	木	金
出勤者	主任 **あなた** F主事	D課長代理 E主任 G主事	主任 **あなた** F主事	E主任 G主事	D課長代理 主任 **あなた** F主事

（F主事派遣後）

曜日	月	火	水	木	金
出勤者	主任 **あなた** E主事	D課長代理 E主任 G主事	主任 **あなた** G主事	主任 **あなた** E主事	D課長代理 E主任 G主事

資料4　C課における超勤時間（補助金審査業務）

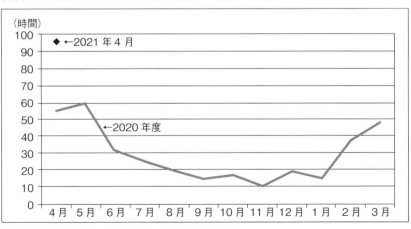

1　問題点の整理

都主任論文では問題文に目を通した後、いきなり論文を書き始めないでください。本文と資料から問題点を抽出し、整理することが重要です。論文の骨格となる問題点は全ての資料からまんべんなく抽出することで、次の作業である課題整理を手際よく行うことができます。問題点は、メモを書くようにまとめるだけで構いません。

令和3年度の試験問題を例に取ると、問題点は8点あります。

①D課長代理は、親の介護の都合上、週3回のテレワークを実施している。（本文）

②ベテランのF主事が3カ月間の災害支援業務に派遣されている。（本文）

③F主事からの引き継ぎが不十分で、マニュアルのみである。（本文）

④業務に不慣れな職員が多く、申請書類の不備の対応に時間がかかっている。（本文）

⑤審査案件数が日々増える中、処理が滞っている。（本文）

⑥2021年4月時点の超過勤務が前年同月と比べ2倍弱に増えており、職員も疲弊している。（本文、資料4）

⑦C課長から書類のミスを指摘されることが増えている。（本文）

⑧私とD課長代理の出勤日が重なる日がない。（資料3）

2　問題点整理の注意点

問題点は、資料などから客観的に読み取り、まとめます。主観的に問題点を抽出してしまうと想像の域を抜け出せず、減点対象になるでしょう。また、「審査案件数が日々増える中、処理が滞っている」ことのように、直接的に本文に記載されている問題点のみならず、「案件処理を行う際に、組織として進捗状況を確認する仕組みがない」などと明示されていない問題点を見いだすこともポイントとなります。次の作業である課題抽出も見据え、幅広く問題点を取り上げることが重要です。

3　課題抽出

問題点を整理した後は課題抽出の作業に移ります。課題抽出は大きな柱として、

・業務の遅れや非効率な事務処理が生じた際の「事務改善」

・職場内の情報伝達などに問題が生じた際の「連携・情報共有」

・事務処理の遅れやミスが多い職員がいる場合の「人材育成」

・都民による苦情が殺到している際の「都民サービス」

・積極的に広報活動することで都民ニーズを満たす「広報」

・１人の職員に多くの負担が生じている「ライフ・ワーク・バランス」

　以上の６点に分類し、課題を抽出してください。

　１で抽出した問題点を見ると、①⑤は「事務改善」を柱として、課題を抽出できそうです。③④⑦は「人材育成」を柱として課題を抽出できると思います。さらに、②⑥⑧は「連携・情報共有」の課題となります。この大きな柱を踏まえて抽出した問題点を表にまとめました。

　問題点は大きな柱に沿って整理すると課題を洗い出しやすくなります。令和３年度の論文では、「急きょ減員で対応せざるを得なくなった職場において、担当する業務におけるミスをなくし、円滑に業務を進めていく上での課題」がテーマに設定されているので、設問上の条件も踏まえて課題を整理してください。

第3章 論文攻略法

柱	職場の問題点	課題
事務改善	・Ｄ課長代理は親の介護の都合上、週３回のテレワークを実施している	進行管理が不十分
	・審査案件数が日々増える中、処理が滞っている	
人材育成	・Ｆ主事からの引き継ぎが不十分でマニュアルのみである	職員の業務への理解不足
	・業務に不慣れな職員が多く、申請書類の不備の対応に時間がかかっている	
	・Ｃ課長から書類のミスを指摘されることが増えている	
連携・情報共有	・ベテランのＦ主事が３カ月間の災害支援業務に派遣されている	課内の協力体制が不十分
	・2021 年４月時点の超過勤務が前年同月と比べ２倍弱に増えており、職員が疲弊している	
	・私とＤ課長代理の出勤日が重なる日がない	

4 課題整理の注意点

　課題整理を行う際の注意点は２点あります。まず、問題点と課題を対応さ
せ、矛盾がないようまとめましょう。論文を書いている時は時間との勝負で
あるため、論理的にまとめているつもりでも問題点と課題が対応していない
ケースがあり得ます。資料などから分析できないことを課題としてまとめて
しまうと、評価されませんので注意してください。問題点と課題で矛盾を生
じさせないようにするには、上司に添削してもらうしかなく、添削を繰り返
すことで誰もが納得する内容に仕上げることも可能です。

　もう一つは、主任として解決できる課題を抽出することです。極端な例を
挙げると、「業務が滞っているのは、Ｆ主事が災害支援業務に派遣されたか
らである。よって、Ｆ主事を災害支援業務から外してもらうよう要請部署に
依頼をする」では、その後の回答(2)で主任としての解決策を提示すること
が困難になります。主任に期待される役割の記述がない論文は、都人事委員
会が示した採点基準に反し、評価が低くなります。

5 論述のポイント

　課題が抽出できたら、解答用紙に記述していきます。なお、自分に合った
論述のパターンをあらかじめ決めておくのがよいでしょう。ここでは論述方
法の一例を紹介します。末尾の解答例を併せてご参照ください。

　整理した課題は300字以上500字以内でまとめる必要があるため、三つの
課題を取り上げた場合は一つの課題の分量は100〜150字になります。文字
数が少ないので、課題の概略を端的に表現しましょう。論文を書き慣れない
うちは、どうしても長文になりがちですが、ポイントを絞ってまとめる練習
を繰り返せば、おのずと150字以内でまとめることができるようになります。

　また、「資料４によると」のように、資料から問題点を読み取った場合
は、出典を明確にしましょう。

解答例

　設問の職場で業務上のミスをなくし、円滑に業務を進めていく上での課題
は、以下の３点である。

　第一に、進行管理が不十分な点である。設問の職場では審査案件が増える
中、処理が滞っている。これは処理が担当者任せで、組織として進行管理が

行われていないからである。このままでは、計画的な業務運営に支障をきたし、出納閉鎖までに処理が完了しない恐れがある。

　第二に、職員の業務への理解が不足している点である。設問の職場では、業務に不慣れな職員が多く、対応に時間がかかっていた。また、課長からミスを指摘され回数も増えている。このままでは、更なる業務遅滞やミスを誘発し、事業者からの信頼を損なう恐れがある。

　第三に、課内の協力体制が不十分な点である。資料4によると、2021年4月のC課における超過勤務が前年同月に比べ、大幅に増加して職員が疲弊しているが、課内で改善しようとしている様子もない。このままでは、課一丸となって業務に取り組むことができず、円滑な業務運営が困難となる。

課題整理「職場に関する出題」（2）

　ここでは、課題に対する解決策の論述方法を説明します。都主任論文の設問(2)では、設問(1)の課題に対し、主任として行うべき解決策に言及します。課題と解決策をまとめる際に不可欠なレジュメの作成方法を覚えましょう。

〈レジュメ作成例〉

職場の問題点	課題	解決策
・D課長代理は親の介護の都合上、週3回のテレワークを実施している ・審査案件数が日々増える中、処理が滞っている	進行管理が不十分	●進行管理表の作成 ・担当内に案件の入力を依頼するとともに進捗に合わせて更新することを周知し、常に最新の状態を共有 ・担当者、案件内容、締切日などを記載し、期限が近付いてきた案件には色付けする仕組みや処理済み欄を設けることで処理漏れを防止 ・締め切りが迫っているものや処理が困難なものについては、今後の対応予定や処理方針などを記載するよう依頼 ●進行管理表の確認 ・進行管理表の毎朝の確認 ・遅れている案件がある場合は担当職員に現状を確認し、D課長代理へ報告 ・フォローが必要な場合は、解決に向けて一緒に取り組む
・F主事からの引き継ぎが不十分で、マニュアルのみである ・業務に不慣れな職員が多く、申請書類の不備の対応に時間がかかっている ・C課長から書類のミスを指摘されることが増えている	職員の業務への理解不足	●既存マニュアルの改訂 ・申請書類の不備が多いことから、必要書類の一覧表を記載 ・よくある問い合わせをまとめたQ＆Aも載せることでより実用的にする ・G主事の意見も聴取し、未経験者でも理解できるようにする ・D課長代理の確認後、共有フォルダに格納し、不足事項があれば、随時追記できるようにする ●オンライン勉強会 ・昨年度から在籍するE主任に講師を依頼 ・前述したマニュアルを使用し、私が日程調整などを行うことでE主任の負担を最小限にする ・質疑応答の場を設けることで、担当内の認識を合わせていく
・ベテランのF主事が3カ月間の災害支援業務に派遣されている ・2021年4月時点の超過勤務が前年同月と比べて2倍弱に増えており、職員も疲弊している ・私とD課長代理の出勤日が重ならない	課内の協力体制が不十分	●課内への応援要請を上司に提案 ・D課長代理とともに、超過勤務が大幅に増加している現状やF主事が応援業務で不在していることにより、これまで以上に課内の業務が重要となる旨を説明 ・課内各担当に依頼する業務の割り出しや現状の業務処理率の低下が続いた場合の目標設定を依頼 ・業務応援がスムーズに行われるよう事前に説明会を行い、質疑を通して疑問を解消する ●継続的なコミュニケーション ・毎週の状況を確認し、課題があれば調整する ・特に繁忙期が重なる場合は相互の事情を考慮しながら業務分担を調整

1 レジュメの作成方法

　試験本番では、課題に即した解決策を提示するため、設問(1)の課題と(2)の解決策を同時に考えながら、レジュメ作りを進めることになります。例示した「レジュメ例」のように、「職場の問題点」「課題」「解決策」の3本柱をまとめることになります。

　レジュメの作成に当たっては、思いついたことを全て書き上げることがポイントです。特定の課題に対する解決策のみ厚くなっていないか、職場の問題点に対応した解決策になっているか、解決策が重複していないかなどを念

〈論文構成例〉　令和3年度の出題：「急きょ減員で対応せざるを得なくなった職場において、担当する業務におけるミスをなくし、円滑に業務を進めていく」（問題文抜粋）ことが目標

（1）設問の職場において、「急きょ減員で対応せざるを得なくなった職場において、担当する業務におけるミスをなくし、円滑に業務を進めていく」上での課題は、以下の3点である	（2）前述の課題を解決するため、私は主任として以下の3点に取り組む
第一に、（レジュメで記載した課題を書く）。設問の職場では、（レジュメで記載した職場の問題点を二つほど記載）。このままでは、（発生する弊害を記載）恐れがある。（第二、第三も同じ）	1、（レジュメで記載した課題を記述）（取り組みの必要性を記載）をするためには、（レジュメで記載した課題）が必要である。そこでまず私は、（一つ目の解決策を書く）。さらに私は、（二つ目の解決策を書く）。これらの取り組みにより、（効果）ができる。（第二、第三も同様）

〈発生する弊害例〉

設問の職場で発生している問題	発生する弊害
処理が滞っており、期日までに業務が終わらない恐れがある	計画的な業務運営に支障を来し、出納閉鎖までに処理が完了しない恐れがある
業務に対する職員の理解が不足し、ミスが発生している	更なる業務遅滞やミスを誘発し、事業者からの信頼を損なう恐れがある
課内の連携が不十分で自分の担当だけ超過勤務が増えている	課一丸となって業務に取り組むことができず、円滑な業務運営が困難となる

〈取り組みにより発生する効果例〉

取り組む解決策	取り組みにより発生する効果
1　進行管理表の作成 2　進行管理表の確認	担当者任せの体制が改善し、組織的な進行管理が強化・徹底され、処理漏れや遅延の発生を防止することができる
1　マニュアルの改訂 2　オンライン勉強会	担当内の業務理解を深めることができ、確実かつ適正な業務遂行が可能となる
1　課内の応援要請の依頼を提案 2　継続的なコミュニケーション	課が一丸となって仕事に取り組むことができる体制を構築し、円滑な業務運営が可能となる

第**3**章　論文攻略法

199

頭に置くことが大切です。また、全体を通して一貫性のある論述をするための下地となることを意識して作成する必要があります。前ページの〈論文構成例〉を常に頭に入れて、レジュメを作成するとよいでしょう。

　慣れないうちは、レジュメの作成に時間がかかると思います。30分から45分程度で完成できるように練習を重ねましょう。論文を書く上で、レジュメの作成が一番重要と言っても過言ではありません。レジュメの構成が甘いまま論文を書き始めると、全体のバランスが崩れるほか、書き直しが増えることで結果として多くの時間がかかります。よいレジュメを早く作成するために、課題と解決策について、いくつか事前に準備をしておくとよいでしょう。

2　解決策を考えるポイント

　主任としてふさわしい具体的な取り組みであることが重要になります。これまでも繰り返し述べてきたように、論述する中で、「主任に期待される役割」をしっかり認識していることを示してください。主事にも求められる取り組み（自らの業務を今まで以上に正確・効率的に行う等）を記載するだけでは不十分です。

　一方、主任の役割を超えた取り組み（人事配置や組織全体に関わるもの等）を記載するのも、不適切と言えるでしょう。これらの取り組みを記述する場合は、「他担当へ応援要請することを課長代理へ提案する」といった記述が適当です。課長代理に提案し、取り組みの中身を主任として行うといった形が考えられます。

　いずれの取り組みも、行う際は主任として主体的な解決策を記載することが重要で、行動の主語は「私」であることを強く意識するようにしてください。ただ、主語が「私」であることを意識しすぎて自分の担当ではない仕事や他担当の仕事を全て自分が引き受け、独力で解決するのは主任としてふさわしくないと言えます。主任として、周囲を巻き込み、組織としてどのように課題を解決するのかを考えましょう。

　試験前の対策としては、〈課題と解決策の例〉の表のように、課題と解決策を類型化し、ストックしておくことが大切です。合格者が作成した論文が参考になるかと思いますが、過去の合格者の取り組みをそのまま暗記するのではなく、具体的な職場の中で自分がどのように動くのかを、自分の言葉で

〈課題と解決策の例〉

課　題	解決策
情報共有や職場内のコミュニケーション不足	・定例会の開催 ・オンライン朝会の実施、情報共有シートの作成 ・問い合わせ対応記録の作成 ・資料の格納ルール化 ・Ｓｋｙｐｅの活用
情報発信や対外的な問題	・ＨＰ、リーフレットやＦＡＱの作成、掲載、更新 ・関係団体との定期的な意見交換の実施 ・住民説明会の開催及び事後フォロー ・広報改善ＰＴの結成
組織体制上の問題	・課や部内での応援体制の構築 ・組織間の連携体制の強化 ・業務作業時間表による組織内の業務内容の見える化 ・業務分担の見直し ・組織内連携ＰＴの設置 ・担当の垣根を越えた関係作り
職員の指導や育成に関する問題	・ペア制の導入 ・勉強会の開催 ・業務マニュアルの作成 ・業務日報の作成 ・ＯＪＴの見直し
進行管理上の問題	・進行管理表の作成 ・進行管理表（ガントチャート）の作成 ・進行管理表の毎日の確認とフォロー ・進行管理会議の開催
非効率な事務処理体制	・事務改善ＰＴの結成 ・チェックシートの作成、活用 ・マニュアルの作成、更新 ・相談対応ＤＢの作成

第**3**章

論文攻略法

説明できるように準備しておくといいでしょう。

　近年の論文試験は、暗記をするだけでは対応できないような出題が続いているため、暗記した課題と解決策をいかに設問の職場の実情に落とし込むかの練習が大切です。解決策は斬新である必要はありません。むしろ、事例の職場の問題を解決する上で確かに有効だと多くの人が納得できる現実的な取り組みを挙げた方が評価されやすいでしょう。日頃から職場で発生する小さな問題やその解決方法を見逃さないことが大切です。

3　論述のポイント

　課題や取り組みを記述する際は順番も重要になります。実際の職場で問題

が発生した場合はより緊急度が高く、より問題の根幹に関わるものから取り組んでいくことと同様に、論文でも実際に取り組む順序に合わせて緊急度・重要性の高いものから記述します。また、3つの課題を挙げるのであれば、論文では課題をまとめる設問(1)と解決策を記述する設問(2)は、それぞれ分量が均等になることが望ましいでしょう。例えば、(1)では導入部分に2行、3つの課題にそれぞれ6行を記載すると分量が同一になります。

　解決策を論述する際、①取り組みの必要性（背景）②取り組みの具体的な内容③取り組みによって期待される効果、の3点を必ず明記してください。これらに触れながら、全体としての論理が明確になるようにまとめます。レジュメの通り、「事例・資料から読み取れる問題点」→「課題の抽出」→「具体的な解決策」というつながりを意識して論述しましょう。

　取り組みの必要性を示すことは、論理展開が明確となり説得力もアップします。ただ、(1)で既に論述している場合には、減点の対象となる可能性があります。取り組みの必要性を課題と絡める場合は注意してください。

　取り組みの具体的な内容は、設定された職場で自身が行う取り組みを詳細に論述します。「まず私は〜する。（それを踏まえて）さらに私は〜を行う」といったように順序立てた記述ができると論理性が増します。また、全体のバランスを考え、一つの課題につき、二つの取り組みを示すのが一般的です。その内容や意義について、詳しく論述するようにしてください。また、読み手が具体的にイメージできる内容か、本当に実行可能かどうかを意識して記述することも大切です。そして、解決策の方向性を変え、バランス良く記載できるとポイントが高くなると思います。具体的には、以下のとおりです。

　解決策1「ペア制による○○主事の育成」＝個別の職員へのアプローチ

　解決策2「課内の業務応援による組織内連携の推進」＝組織全体へのアプローチ

　解決策3「リーフレット作成等による情報発信の強化」＝都民（組織外）へのアプローチ

　取り組みによって期待される効果は、課題の解決を示す際に重要となります。解決策の記述に当たっては、「解決策」→「期待される効果」→「課題の解決」という順序でまとめ、読み手に伝わるよう意識しましょう。

　論文の最後には決意を表明することが一般的でしたが、平成29年以降は

評価の対象外と位置付けられました。試験本番で字数が足りなくなった場合も想定されるので、この決意表明は事前に用意しておいた方が良いと思います。

4　力をつけるために

　試験対策はまず、合格者による論文を読みましょう。どの程度の論文を書くことができれば、合格できるのかを把握することが大切です。また、読みやすい、分かりやすい論文の書き方を知ることができます。次に、時間を計らずに、自分の納得できる論文を数本仕上げます。初めのうちは完成までかなり時間がかかると思いますが、徐々に試験時間内に書き上げることができるようになるので、合格者の論文を参考にしながら丁寧に書き上げることが大切です。

　書いた論文は必ず複数の上司たちに添削してもらいましょう。自分ではうまく論述できたと思っていても、表現が適切でないことが少なくありません。また、複数の上司たちにチェックしてもらうことが大切です。似たような指摘を受けた部分は必ず修正しましょう。同時に、多くの合格者論文を読み込んで、課題と解決策のストックも進めましょう。適切な表現や言い回しがあれば、自分のものにすることも大切です。

　上司たちから及第点をもらうことができたら、自分なりの論文の型を見つけてください。型に沿って論文を書き、何本か完成論文を作成したら、その後は時間を計って、数多くの問題に取り組みましょう。その際は、実際に手書きで練習することが必要です。普段からパソコンで文書作りを行っていると、手書きの際は漢字を思い出せない事態が発生します。また、2時間30分という試験時間内に2000字弱を書き上げるのはかなりしんどいです。手書きに慣れておくことが重要です。

　類義語をストックすることも大切です。同様の意味を述べる場合でも、異なる表現を使うことで、読み手の印象を変えることができます。例えば、「苦情が発生した」ことを何度か述べる際には、「苦情が寄せられた」などと言い換えることができます。

第**3**章

論文攻略法

第4節 論文添削

1 論文 1—【都政もの】

通信技術、情報処理技術、インターフェースといったデジタル技術の進展により、これまで主にインターネットの中で起きていた変化が、様々な場面に及ぶこととなりました。さらに、新型コロナウイルス感染症拡大の影響を受け、社会経済環境は大きく変化しています。こうした状況を踏まえ、現在、DX（デジタルトランスフォーメーション）があらゆる場面で求められていますが、都全体としてDXを推進し、都民の利便性や都市としての競争力を高めていくためにどのような取り組みを行うべきか、次の（1）、（2）に分けて述べてください。

（1）都全体のDXを推進するにあたっての課題は何か、資料を分析して課題を抽出し、簡潔に述べてください。なお、資料4点のうち、2点以上に触れること。　　　　　　　　　　　　　（300字以上500字程度）

（2）（1）で述べた課題に対して、都は具体的にどのような取り組みを行っていくべきか、その理由とともに述べてください。

（1200字以上1500字程度）

資料1　各国・都市のデジタル化について

	都市全体の デジタル化 SMART CITY GOVERNMENT RANKINGS Eden Strategy Institute,ONG&ONG	デジタル/ オープンガバメント E-Government Development Index 2018 国連	モビリティ Urban Mobility Index 3.0 Arthur D. Little
1位	ロンドン	デンマーク	シンガポール
2位	シンガポール	オーストラリア	ストックホルム
3位	ソウル	韓国	アムステルダム
4位	ニューヨーク	イギリス	コペンハーゲン
5位	ヘルシンキ	スウェーデン	香港
6位	モントリオール	フィンランド	ウィーン
7位	ボストン	シンガポール	ロンドン
8位	メルボルン	ニュージーランド	パリ
9位	バルセロナ	フランス	チューリッヒ
	上海	日本	ヘルシンキ
11位	サンフランシスコ	アメリカ	東京
⋮	東京(28位)		

キャッシュレス

キャッシュレス決済比率
経済産業省「キャッシュレスビジョン」
※同調査では11ヶ国のみ比較（2015年）

韓国	89.1%
※中国	60.0%
カナダ	55.4%
イギリス	54.9%
オーストラリア	51.0%
スウェーデン	48.6%
アメリカ	45.0%
フランス	39.1%
インド	38.4%
日本	18.4%
ドイツ	14.9%

※(Alipay、WeChatpay のみ
含む参考値)

出典:東京都「スマート東京実施戦略」

第3章 論文攻略法

資料2　有効求人倍率の推移

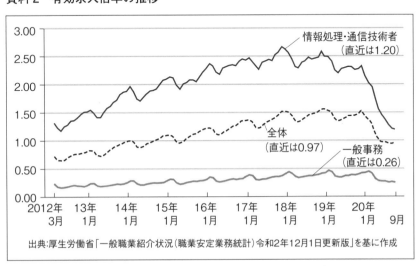

出典:厚生労働省「一般職業紹介状況（職業安定業務統計）令和2年12月1日更新版」を基に作成

資料3　中小企業における IT ツールごとの利活用状況

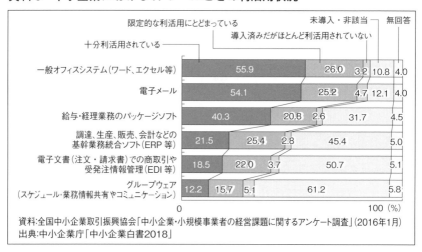

凡例：
- 十分利活用されている
- 限定的な利活用にとどまっている
- 導入済みだがほとんど利活用されていない
- 未導入・非該当
- 無回答

	十分利活用されている	限定的な利活用	導入済みだが利活用されていない	未導入・非該当	無回答
一般オフィスシステム（ワード、エクセル等）	55.9	26.0	3.2	10.8	4.0
電子メール	54.1	25.2	4.7	12.1	4.0
給与・経理業務のパッケージソフト	40.3	20.8	2.6	31.7	4.5
調達、生産、販売、会計などの基幹業務統合ソフト（ERP 等）	21.5	25.4	2.8	45.4	5.0
電子文書（注文・請求書）での商取引や受発注情報管理（EDI 等）	18.5	22.0	3.7	50.7	5.1
グループウェア（スケジュール・業務情報共有やコミュニケーション）	12.2	15.7	5.1	61.2	5.8

資料:全国中小企業取引振興協会「中小企業・小規模事業者の経営課題に関するアンケート調査」(2016年1月)
出典:中小企業庁「中小企業白書2018」

資料4　企業がクラウドサービスを利用しない理由
（上段が 2019 年、下段が 2018 年）

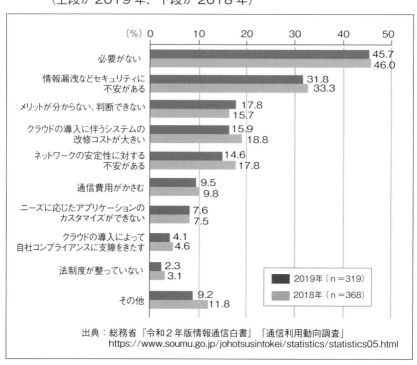

	2019年（n＝319）	2018年（n＝368）
必要がない	45.7	46.0
情報漏洩などセキュリティに不安がある	31.8	33.3
メリットが分からない、判断できない	17.8	15.7
クラウドの導入に伴うシステムの改修コストが大きい	15.9	18.8
ネットワークの安定性に対する不安がある	14.6	17.8
通信費用がかさむ	9.5	9.8
ニーズに応じたアプリケーションのカスタマイズができない	7.6	7.5
クラウドの導入によって自社コンプライアンスに支障をきたす	4.1	4.6
法制度が整っていない	2.3	3.1
その他	9.2	11.8

出典：総務省『令和2年版情報通信白書』「通信利用動向調査」
https://www.soumu.go.jp/johotsusintokei/statistics/statistics05.html

論文例1

（1）

　資料から、都全体のDXを推進するにあたっての課題として、以下の3点が挙げられる。

　第一に、都政のデジタル化である。資料1より、東京・日本がデジタル・オープンガバメント、モビリティ、キャッシュレス等の各分野で低迷していることが読み取れる。デジタルを活用しあらゆる行政プロセスを抜本的に見直すことで、都民サービスの付加価値を高めるとともに、都職員の生産性向上を実現する。

　第二に、民間事業者のデジタル化の推進である。資料3より、中小企業のIT活用は必要最低限のものが中心であり、それすらも未導入の企業があることが分かる。また資料4からは、多くの企業がクラウドサービスの必要性を認識していないことが読み取れる。デジタル化の必要性について情報発信するとともに、デジタル化の支援を行うことで、民間事業者のデジタル化を着実に進めていく。

　第三に、デジタル化を進める人材の確保・育成である。資料2より、IT人材の需要は供給を常に上回っており、人材不足が続いていることが明確である。社会全体での適材適所の人材配置や将来を見据えた人材育成の実施及び支援を行うことにより、デジタル化を進める人材を大幅に増加させていく。

（2）

　都全体としてDXを推進し、都民の利便性や都市としての競争力を高めていくために、都は以下の取り組みを展開していくべきである。

1　都政のデジタル化

　都はこれまでも、平成29年12月に策定した「東京都ICT戦略」に基づき、ICTの効果的な活用による「3つのシティ」の実現に取り組んできた。また、新型コロナウイルス感染症への対応として、職員のテレワークやオンライン会議を積極的に行う等、取り組みを重ねているが、都政のデジタル化はいまだ道半ばである。

　そこで都は、「シン・トセイ　都政の構造改革QOSアップグレード戦略」における七つの「コア・プロジェクト」を着実に推進していく。例えば、ペ

ーパレス、はんこレス、キャッシュレス、FAXレス、タッチレスの五つの
レスを徹底するとともに、都民・事業者から都に対する各種申請をワンストッ
プ・オンラインで実施できるよう整備を進める。また、都庁内の内部管理
事務について、デジタル活用を前提として業務プロセスを抜本的に見直すと
ともに、クラウド等を活用した未来型のオフィス空間を都庁舎内に創出する。

これらの取り組みにより、都民サービスの付加価値を高めるとともに、都
職員の生産性向上を実現する。

2 民間事業者のデジタル化推進

民間事業者においては、新型コロナウイルス感染症の影響も踏まえ、大手
企業を中心にデジタル化やDXの動きが出てきているが、特に中小企業では
デジタル化に向けたノウハウや資金が不足しているばかりか、デジタル化の
必要性すら認識されていないケースも多いのが現状である。

そこで都は、中小企業振興公社等とも連携しながら、中小企業診断士等の
専門家による支援・相談体制を充実させ、事業者の状況に応じた助言やデジ
タル活用の成功事例等のノウハウ提供を継続的に実施する。あわせて、ICT
ツールの導入やIoT化に必要な設備投資を行う際に活用できる、助成金や融
資制度を充実させることにより、資金面においても民間事業者を支援する。
さらに、外部有識者とも連携し、経営者及び従業員にデジタル化の必要性を
伝え、経営者等の意識改革を促すためのセミナーを開催し、デジタル化の機
運を高めていく。

これらの取り組みにより、民間事業者のデジタル化を推進し、民間事業者
の生産性向上や新たな顧客価値・顧客体験創出に向けた環境整備を実現する。

3 デジタル人材の確保・育成

都政及び民間事業者のデジタル化を推進するためには、制度・仕組みを構
築するだけでは不十分であり、担い手となる人材の確保・育成が必要不可欠
である。しかし、行政・民間を問わず、デジタル化を担う人材は不足してい
るのが現状である。

そこで都は、民間教育機関等と連携しながら、離職者・求職者がICTに
関する知識・技能を身に付けるためのプログラムを提供することに加え、就
職面接会を開催することにより、離職者・求職者と企業とのマッチングを支
援する。また、従業員にリスキルの機会を提供する民間事業者に対し助成金
を支給する制度を整えるとともに、都立大学を社会人の学び直しの場として

活用することにより、就職後も知識・技能を最新のものとするリスキリングを推奨していく。さらに、教育のデジタル化を進めるスマート・スクール・プロジェクトを拡充し、端末の配備やICT支援員の配置等、児童・生徒一人ひとりがデジタルについて学ぶ環境を整備することで、都民全体のICTスキルの底上げを図る。

こうした取り組みにより、デジタル人材の確保・育成を長期的・安定的に行い、都全体のデジタル化、さらにはDXを推し進めていく。

解説

都全体でDXを推進していくための課題及び取り組みに係る出題となっています。

まず、提示された資料から適切に課題を抽出することが重要ですが、大まかな問題意識は持つことはできるものの、実際に論文に落とし込むことに苦労する人もいるかもしれません。提示すべき解決策をイメージしながら課題を抽出するようにすると、書きやすいでしょう。もちろん、解決策は望ましい効果につながり、さらに論文全体のテーマにつながっている必要がありますので、最終的なゴールを見据えて課題の抽出を行うよう、心掛けてください。

次に、質の高い論文を作成するためには、都政に関する幅広い情報をインプットすることが必要です。同じような構成の論文が複数あった場合に、具体的な施策・情報を正確に記載できている方が説得力は高まります。知事の所信表明や報道発表等、日頃から情報収集に努めてください。試験のためだけではなく、職務の幅を広げ、また円滑に実施するためにも、常にアンテナを高くしておくとよいでしょう。

アウトプットを行うにあたり、例えば(2)であれば「全体で約1500字、一つの取り組みが約450字、取り組みのうち最初の100～150字程度で現状分析、250～300字程度で解決策、50字程度で効果」といったように、大まかな論文の構成を意識しておくと、作成しやすいことはもちろん、採点者にとって読みやすい論文となるでしょう。試験本番も、論文の全体構成を意識したメモ（レジュメ）をまず作成することが、限られた時間でバランスの良い論文を仕上げることにつながると考えます。

209

なお、自分一人の考えだけではどうしても偏りが出る可能性があるため、職場の上司や先輩の添削を受けることは重要です。ただし、人により考え方が異なるのも事実ですので、全ての人の全ての意見を取り入れようとはせず、アドバイスを自分なりに咀嚼し、うまく取り入れることを意識しましょう。

▎講評

　(1) については、都民サービスも含めた都政のデジタル化、民間事業者のデジタル化推進、それらを推進するため人材の確保・育成という３点がバランスよく抽出されています。表現方法等が多少異なっていても、最終的に都全体のDX推進といったテーマ（ゴール）につながる課題設定ができていれば、問題ありません。

　(2) では、三つの取り組みについて記載していますが、いずれの取り組みも現状分析、解決策、効果のセットで構成されており、文字数についてもおおむねバランスが取れているため、採点者から見ても読みやすい論文となっている印象です。解決策の内容自体にはあまり目新しさはありませんが、デジタル化やDXに向けて必要性が高いと感じられる施策を記載できていますので、合格ラインではあると考えます。自らの職務経験や国の施策内容等を踏まえ、現在都で実施できていない施策を解決策として提案できれば、なお良いでしょう。ただし、あまり奇をてらった内容を記載しても、実現性や効果の面で疑問を感じるものは評価されないと推測されますので、試験本番で無理をする必要はないと考えます。

論文 2 —【都政もの】

> 　新型コロナウイルスの世界的流行は、日本においても未曽有の経済社会の停滞をもたらした一方で、働き方など様々な分野で、これまでの常識や思い込みを覆すような大きなパラダイムシフト（物の見方や捉え方の革命的な変化）をもたらしました。
>
> 　人々の考え方やライフスタイルが大きく変化する現在において、女性活躍や未来を担う子供たちへの支援を一気に加速させ、強靭で持続可能な都市を創り上げていくためには、都はどのような施策を行うべきか、次の(1)、(2)に分けて述べてください。
>
> (1)　人々の考え方やライフスタイルが大きく変化する現在において、女性活躍や未来を担う子供たちへの支援を行う上での課題は何か、資料を分析して課題を抽出し簡潔に述べてください。なお、資料４点のうち２点以上に触れること。　　　　　（300字以上500字程度）
>
> (2)　(1)で述べた課題に対して、都は具体的にどのような取り組みを行っていくべきか、その理由とともに述べてください。
>
> 　　　　　　　　　　　　　　　　　　　　（1200字以上1500字程度）

資料1　ＯＥＣＤ加盟国（一部）の男女平等指数と労働生産性

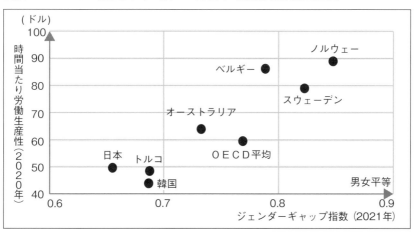

第3章　論文攻略法

資料2　男女の正規雇用率の格差※

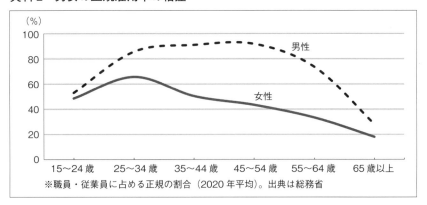

※職員・従業員に占める正規の割合（2020 年平均）。出典は総務省

資料3　6歳未満の子どもを持つ夫婦の1日当たり育児・家事関連時間

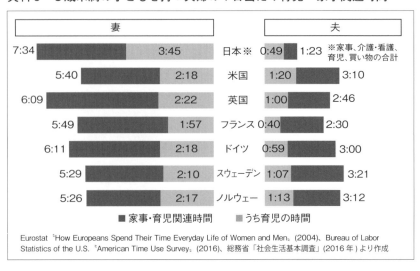

Eurostat ˵How Europeans Spend Their Time Everyday Life of Women and Men˶ (2004)、Bureau of Labor Statistics of the U.S. ˵American Time Use Survey˶ (2016)、総務省「社会生活基本調査」(2016 年) より作成

資料4　日本の子どもの分野別順位

分　野	指　標
精神的幸福度 （37 位／ 38 カ国）	生活満足度が高い 15 歳の割合（32 位／ 33 カ国） 15 〜 19 歳の自殺率（30 位／ 41 カ国）
身体的健康 （1 位／ 38 カ国）	5 〜 14 歳の死亡率の低さ（10 位／ 41 カ国） 5 〜 19 歳の過体重・肥満の割合の低さ（10 位／ 41 カ国）
スキル （27 位／ 38 カ国）	数学・読解力で基礎的習熟度に達している 15 歳の割合（5 位／ 39 カ国） 社会的スキルを身に着けている 15 歳の割合（39 位／ 40 カ国）※

※すぐに友達ができると答えた 15 歳の子どもの割合。出典はユニセフ「レポートカード 16」

資料5　世界的に注目度の高い論文数（論文の被引用数）

全分野	2007～2009年			全分野	2017～2019年		
	論文数	シェア	順位		論文数	シェア	順位
米国	36,196	34.9	1	中国	40,219	24.8	1
中国	7,832	7.6	2	米国	37,124	22.9	2
英国	7,250	7.0	3	英国	8,687	5.4	3
ドイツ	6,265	6.0	4	ドイツ	7,248	4.5	4
日本	4,437	4.3	5	イタリア	5,404	3.3	5
フランス	4,432	4.3	6	オーストラリア	4,879	3.0	6
カナダ	3,951	3.8	7	カナダ	4,468	2.8	7
イタリア	3,279	3.2	8	フランス	4,246	2.6	8
オーストラリア	2,711	2.6	9	インド	4,082	2.5	9
スペイン	2,705	2.6	10	日本	3,787	2.3	10

資料6　国内の大学ランキング推移

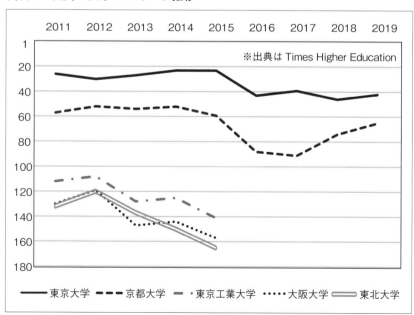

※出典は Times Higher Education

― 東京大学　-- 京都大学　-・ 東京工業大学　…… 大阪大学　＝ 東北大学

論文例2

（1）

　資料から、女性活躍や未来を担う子供たちへの支援を強化し、強靭で持続可能な都市を創り上げるための課題として、以下の3点が挙げられる。

　第一に、女性活躍に向けた社会の意識改革である。資料1から、男女格差が小さい国ほど労働生産性が高いことが読み取れる。また、資料2より65歳未満の生産年齢人口を中心に、女性は男性と比較して正規雇用率が低いことが確認できる。労働生産性を向上させ、東京を持続可能な都市へと導くためには、これまで以上に女性活躍に向けた社会のマインドチェンジを推進する必要がある。

　第二に、男性の育児・家事参画の促進である。資料3から、日本の夫婦間における育児・家事関連時間は妻が夫の約5倍となっており、国際的にも突出して女性に負担が偏在していることが読み取れる。男女が共に仕事と子育てを両立できる環境を整備するためには、男性の育児・家事参画の促進に向けた多様な取り組みを展開する必要がある。

　第三に、新たな教育モデルの推進である。資料4及び5から、義務教育修了段階の学習到達度は世界でも上位にあるが、注目度の高い論文数の減少にもあるように、日本の高等教育における世界的地位は年々低下していることが読み取れる。次代を担う子供たちの能力を一層高め、新しい時代を切り拓く人材を育成するためには、ハード・ソフトの両面から新たな教育モデルを推進する必要がある。

（2）

　（1）で述べた課題に対して、都は以下の取り組みを行う必要がある。

1　女性活躍に向けた社会の意識改革

　都はこれまでも女性が自らの希望に応じた生き方を選択し、自分らしく輝けるよう、社会の意識や行動を変革するための取り組みを推進してきた。しかし、人々の性別によるアンコンシャス・バイアスは根強く存在しており、ジェンダーギャップの解消に向けた社会全体の変革には至っていない。そこで都は、これまで以上に女性活躍を見据えた社会のマインドチェンジを推進し、男女格差の解消により労働生産性の底上げを実現する。

　具体的には、まず、全国の女性首長と経営者が、女性の視点を取り入れた行政運営や企業活動等に関して意見・情報交換を行う会議「女性首長によるびじょんネットワーク」を開催することにより、社会全体で女性の活躍を後押しする。また、経済団体等と連携し、経営者層の意識改革や女性社員登用を加速化するための研修等を実施する。さらに、国と連携して「東京都版えるぼし」認定制度を創設し、合同就職面接会の開催等により、認定企業と非正規雇用の女性とのマッチングを支援する。

　これらの取り組みにより、女性活躍に向けた社会のマインドチェンジが推進され、労働生産性の向上による相乗効果により、一層活力にあふれる都市となる。

２　男性の育児・家事参画の促進

　都はこれまでも「男性は仕事、女性は家庭」といった固定観念を打破し、性別役割分担の意識にとらわれない家庭観・仕事観の形成を推進してきた。しかし、在宅勤務や育休取得に関して職場の理解が得られにくいことに加え、育児・家事スキルが十分でないこと等から、男性の家庭での活躍が難しい状況にある。そこで都は、男性の育児・家事参画の促進に向けた多様な取り組みを展開する。

　具体的には、まず、男性の育児・家事時間を捻出するため、テレワークの導入が進め切れていない中堅・中小企業を中心に、コンサルティングや助成金等により、テレワークの導入から定着までを伴走型で支援する。また、インフルエンサーの活用により「働くパパママ育休取得応援奨励金」の普及啓発を一層推進し、これと併せて「働くパパコース」の奨励金引き上げ等、支援内容を一層充実する。さらに、「パパズ・スタイル」や「TEAM家事・育児」等のオンラインツールを活用し、男性の育児・家事スキルの底上げを図るとともに、視聴側からの要望や父親同士の悩み相談等のチャンネルを拡充する。

　これらの取り組みにより、男性の育児・家事参画が促進され、女性が一層活躍できる都市となる。

３　新たな教育モデルの推進

　都はこれまでも「チルドレンファースト」を掲げ、子供の学び・成長をきめ細かく支援するための取り組みを推進してきた。しかし、教育現場のデジタル環境や、教員の指導力を高めるための体制が十分でないこと等から、高

第３章

論文攻略法

215

等教育を始めとした多様な学びの充実が難しい状況にある。そこで都は、ハード・ソフトの両面から新たな教育モデルを推進する。

　具体的にはまず、ハード対策として、教育のデジタル化を進めるスマート・スクール・プロジェクトを拡充し、学習用端末の購入費用の補助や通信回線の増強等により、都立学校における1人1台端末の導入を促進する。また、ソフト対策として、次代を担う子供たちがAI・IoT等を駆使して新たなイノベーションを生み出すことのできる人材へと成長できるよう、教員に対する研修体制の拡充に加え、外部人材も活用することで都立学校のSTEM教育やプログラミング教育を充実させる。さらに、令和4年4月に新設された「子供政策連携室」を核に、国内外の大学や企業、国際機関等と都立学校をつなぐプラットフォームを発展させ、高校生国際会議の開催等により、子供たちの高度な語学力と豊かな国際感覚の習得を支援する。

　これらの取り組みにより、新たな教育モデルが推進され、質の高い学習環境において、子供たちの能力を最大限に伸ばすことが可能となる。

4　強靭で持続可能な都市の実現に向けて

　都はこれまで以上に女性活躍に向けた社会の意識改革を促進し、男性の育児・家事参画や新たな教育モデルを構築することで、日本全体を発展へと導くゲームチェンジャーとしての責務を果たしていく必要がある。

　これらの取り組みにより、新たな価値を生み出し続ける強靭で持続可能な都市が実現する。

解説

　課題は、東京の成長戦略に欠かせない「女性と子供の活躍」に関するテーマです。演習問題ということもあり、女性と子供の活躍を統合した問題構成となっておりますが、本試験に際しては「女性」または「子供」のいずれかの視点に絞って出題される可能性もありますので、どちらが出題されても様々な角度から解決策を提案できるよう、それぞれ都の政策や社会情勢等を深掘りして学習しておくと良いでしょう。

　試験本番で、いきなり論文を書き始めて、(1) と (2) の整合性を図るのは困難です。試験開始後、20～30分程度で課題と解決策の骨子を作成し、課題と解決策の整合性や各課題のバランス等を整理してから論文を作成する

ことを推奨します。その際、作問者の立場から何を課題として抽出し、何を解決策として導くべきかを考えてみることや、採点者に訴える「キーワード」的なものをあらかじめメモしておくことも有効です。

　また、当然ながら事前のトレーニングなしに合格は非常に難しくなっています。過去問題、職場の予想問題等を最大限活用し、上司や先輩の添削を受けることは重要です。ただし、人により視点や添削事項が異なるのも事実ですので、あまりチャンネルを増やし過ぎて全ての意見を取り入れると、かえって混乱を招くこともあります。添削者の意見をどこまで取り入れるかについてもご留意ください。

　最後に、都政ものを選択する場合、施策・事業に関する知識量が決め手の一つとなるため、日頃から都政に関するアンテナを高く張っておくことが重要です。「『未来の東京』戦略」などの主要な行政計画や知事の施政方針表明・所信表明、各局の重要施策はしっかり把握し、課題と解決策のストックを増やすことは必須です。また、過去の出題テーマの分析から出題テーマを一定程度予想し、国の白書や新聞報道等もチェックしておいた方が本試験での論述に幅が出ます。

第3章　論文攻略法

▌講評

　（1）では、提示資料から自らの視点で適切に課題を抽出・分析することで、資料の正確な分析力と問題意識の高さを示す必要があります。

　今回の論文例では、提示された資料から出題者の狙いを的確に捉え、バランスよく課題が抽出されています。作問者が提示した「女性と子供の活躍」というテーマと提示資料からは、▽ジェンダーギャップをなくし、男性の育児・家事参画を図ることで女性の社会進出を促す▽教育改革により国際競争力のある人材を育て、首都東京を強靭で持続可能な都市にする―ための課題と解決策を受験生に回答させたい出題側の意図がうかがえます。前段で「作問者の立場になり考えてみる」と記述したのは、出題側の意図をどこまで酌み取れるかで、論文の出来栄えが大きく左右するからです。（当然、課題抽出や課題解決のプロセスには幅があり得るもので完全一致していないと合格できないという意味ではありません）

　また、論文例では文章表現も端的で説得力のあるものとなっています。例

217

えば、資料4及び5をまとめて「義務教育段階での知識力は世界上位にもかかわらず、高等教育で国際競争力の低下が見られる」とわかりやすく表現できていることも好印象です。

　（2）では、各課題に対する具体的な取り組みを論じる前段で、なぜそれが必要なのかを読み手に訴えます。論文例にもある通り、これまでの都の取り組みなどに触れつつ、まだ取り組みが十分でない点や課題の背景、解決に至っていない原因を指摘し、解決策につなげる書き方が多いです。ただ、「なぜ、その取り組みが必要なのか」が伝われば、無理にパターン化する必要はありません。

　今回の論文例では、取り組みの必要性と解決策がともに全体を通してわかりやすく、論理的に記載できています。また、（1）で挙げた課題と（2）で論じる解決策の整合性も取れており、合格ラインであると考えます。

　各段落では「具体的には、まず」「さらに」「これらの取り組みにより」など同じ言葉が画一的に使用されていることで、論理的展開が統一され読みやすい文章となっています。具体的な内容についても「東京都版えるぼし」認定制度の創設など、オリジナリティーにあふれるものや「パパズ・スタイル」「TEAM家事・育児」のようにこれまで都が実施してきた施策の強化がバランスよく配置されています。また、「子供政策連携室」や「アンコンシャスバイアス」など、最新のトピックやキーワードを反映していることも評価できます。なお、解決策の提示は、本論文のように東京都の立場で実現できるものを具体的に取り上げてください。オリジナリティーと言ってもあまりに奇をてらった内容や実現性の薄い解決策の提案は逆効果になります。

　最後に「都政もの」については、事前に都政の重要トピックから出題予想テーマをいくつか絞り、それを集中的に学習するのが一般的だと思います。テーマが当たった時の優位性は「職場もの」よりあることは確かですが、一方で予想外のテーマが出題された場合の危険性もはらんでいます。出来るなら「職場もの」もトレーニングを積んでおき、想定外のテーマが出題され、自信がないと判断した場合は「職場もの」を選択する道も確保しておくことを推奨します。

論文 3—【都政もの】

　近い将来に、東京は人口減少やさらなる高齢化を迎えますが、経済的に見ても国際的な都市間競争が熾烈を極める中で、東京が「稼ぐ力」を戦略的に高めなければ、日本全体の持続的な発展を主導することはかないません。東京の「稼ぐ力」を高めるためにどのような取り組みを行うべきか、次の(1)、(2)に分けて述べてください。

(1) 東京の「稼ぐ力」を高めるためには何が課題か、資料を分析して課題を抽出し、簡潔に述べてください。なお、資料4点のうち、2点には必ず触れること。　　　　　　　　　　　　　　　　（300字以上500字程度）

(2) (1)で述べた課題に対して、都は具体的にどのような取り組みを行っていくべきか、その理由とともに述べてください。

（1200字以上1500字程度）

資料1　国際金融センター

国際金融センターとしての香港、シンガポールに対する評価と、日本に対する評価との相違の要因をみると、「制度環境」「ビジネス環境」「金融の安定性」「金融アクセス」の点において、日本の評価が、香港、シンガポールの評価を大きく下回っている。

世界経済フォーラム Financial Development Index（2012年調査）の内訳

項　　目	①香　港	④シンガポール	⑦日　本
①制度環境	9	1	15
金融部門の自由化の度合い	22	19	1
コーポレートガバナンス	13	4	21
法規制	5	1	14
契約実施	2	1	16
②ビジネス環境	2	1	19
人的資本	12	3	19
税制	3	7	24
インフラ	1	13	16
ビジネスのコスト	10	1	20
③金融の安定性	8	3	19
通貨の安定性	14	2	13
銀行システムの安定性	14	8	19
政府債務危機リスク	10	21	34
⑦金融アクセス	4	14	27
対企業向け	1	2	36
対個人向け	18	31	22

資料2 政府に必要な改革

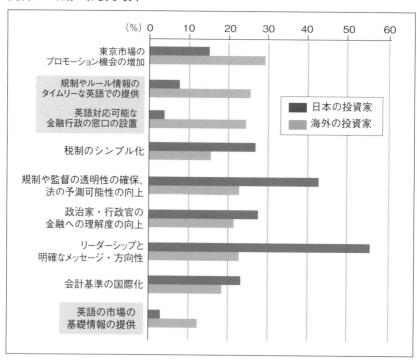

資料3 起業環境の国際比較（世界、2014年）

	総合順位	会社登記に要する手続き数	会社登記にかかる日数	開業コスト
ニュージーランド	1	1	0.5	0.3
シンガポール	3	3	2.5	0.6
香港	5	3	2.5	0.8
アメリカ	20	6	5	1.5
イギリス	28	6	12	0.3
韓国	34	5	5.5	14.6
フランス	41	5	6.5	0.9
ドイツ	111	9	14.5	4.7
日本	120	8	22	7.5

資料4　産業別開業率・廃業率（東京、2009～2012年）

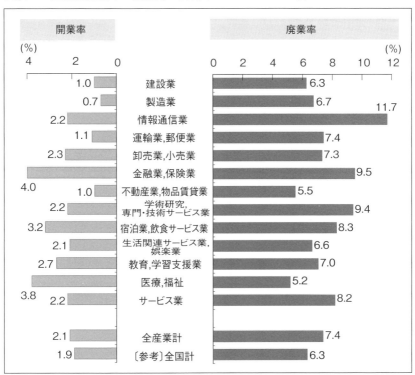

資料5　東京都の中小企業

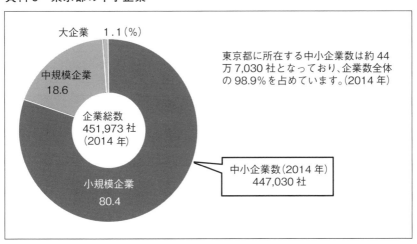

東京都に所在する中小企業数は約44万7,030社となっており、企業数全体の98.9%を占めています。(2014年)

（１）

　東京の「稼ぐ力」を高めるためには、以下の３点の課題が挙げられる。

　第一に、金融系外国企業の誘致である。資料１によると、東京の国際金融センターとしての地位は世界的に見ても低い。また、英語による対応能力の低さが外国企業参入の障壁となっている。東京の「稼ぐ力」を向上させるためにも、市場価値を高め、成長分野であるフィンテック等を手掛ける金融系外国企業を誘致する環境を整える必要がある。

　第二に、起業の促進である。資料２によると、東京は各産業において開業率より廃業率の方が高い。また、諸外国と比較しても、起業時の会社登記に係る手続き数と日数が多く、開業コストが高い傾向にある。東京発の世界的なベンチャー企業を生み出すためにも、起業環境を整備する必要がある。

　第三に、成長産業の育成である。資料３によると、東京の中小企業数は企業数全体の98％以上を占めている。今後の成長が見込めるAIや医療等の分野に、東京の中小企業が参入できるよう援助し、先端技術と中小企業の信頼性ある技術力を用いて新たなイノベーションを創出する必要がある。

（２）

　（1）で述べた課題に対して、都は以下の３点の取り組みを行う。

１　金融系外国企業の誘致

　都はこれまでも、金融ワンストップサービスやアジアヘッドクォーター特区等を活用して、外国企業の誘致を積極的に推進してきた。しかし、依然として金融系外国企業の誘致は十分とは言えず、アジアの中でも香港・シンガポールを下回っているのが現状である。

　そこで、まず金融系外国企業への広報を強化する。具体的には、正確な情報を発信するために、海外におけるセミナーや面接会等の人材誘致プロモーションの強化を行うと共に、企業設立に伴う手続きを容易にするため、コンサルティングを英語でできるバイリンガル窓口を設置する。次に、市場の情報を英語でタイムリーに提供するために、AIやICTを駆使したアプリを作成する企業に対して都が補助をし、開発支援を行う。さらに、企業で働く外国人向けにインターナショナルスクール、英語で対応できる医療体制を整備

すると共に、都有地を活用した安価なサービスアパートメントを展開し、生活面での不安を解消する。

　以上の取り組みにより、金融系外国企業の誘致を加速させ、東京の「稼ぐ力」を向上させる。

2　起業の促進

　都はこれまでも、東京都創業NETやTOKYO創業ステーション等を通じて、新規起業家や中小企業をサポートしてきた。しかし、依然として廃業率は高く、諸外国と比較しても起業家のビジネス環境が良いとは言えない。

　そこで、まず新規事業が安定して運営できるようにするため、都が主催して、新規起業家と銀行や既に安定した経営ができているスタートアップ企業とのマッチングを行い、新規起業家に資金調達や人脈作りができる場を提供する。また、起業に伴う登記等に係る手続きをオンライン化及び英語対応化し、手続き数を減らすことで、起業者の開業コストを減らせるよう環境を整備する。さらに、起業家の廃業を防止するため、多摩地域でも多摩イノベーションパーク構想の取り組みを加速させ、起業家が事業の運営等に係る内容を気軽に相談できる体制を構築する。

　以上の取り組みにより、起業環境を整備し、東京発の世界的ベンチャー企業を生み出していく。

3　成長産業の育成

　都はこれまでも、次世代イノベーション創出プロジェクト等を通じて、先進技術への投資を行ってきた。今後も様々な分野でIT化が進む中で、都は先見の明を持って投資し、中小企業を成長産業分野へ参入させていく必要がある。

　そこで、まず次世代通信規格の5Gを活用したスマート産業化を目指すために、アンテナ等のハード整備やソフトウェア整備に対して都は技術的・金銭的な支援を行い、中小企業のデジタル化やスマート工場の導入を促進していく。

　次に、中小企業が成長分野であるAIや医療分野に参入できるようにするため、都は製薬会社や病院等の仲介役となり相互のネットワーク形成の支援を行う。また、農林水産業分野では、アグリテックの開発支援及び実証実験が行える場を提供し、今後の技術開発を促進すると共に、多摩産材等の東京ブランドの広報を強化し、販路の開拓をさらに加速させる。

第**3**章

論文攻略法

以上の取り組みにより、成長産業を育成し、新たなイノベーションが生まれる東京を実現していく。

4　東京の「稼ぐ力」を高めるために

　都は、上記の取り組みをスピード感とチャレンジ精神を持って行い、SDGsの目線で政策を展開し、今後も日本を主導していかなければならない。

解説

　平成29年度の出題形式変更以降、「観光」「スポーツ振興」「高齢者の活躍推進」「環境」「防災」というテーマがそれぞれ取り上げられています。課題は東京の成長戦略に欠かせない「稼ぐ力」に関するテーマです。

　論文作成にあたっては、提示される表・グラフ等の資料から的確な課題を抽出・分析する「問題意識」、都が取り組むべき現実的かつ具体的な解決策を考える「問題解決力」、さらに自らの考えをわかりやすい表現で、論理的に伝えることが求められます。特に大切な点は（1）で指摘される課題と（2）で取り上げる解決策について整合を図ることです。（1）の内容を踏まえて（2）を論じることが必要ですが、そのためには、（2）を想定しながら（1）を洗い出すという手法も有効です。

　試験本番では、論文を書き出す前に必ずレジュメを作成してください。レジュメ作成により、課題と解決策の対応関係や解決策がハード面、ソフト面からバランスの良い内容となっているかについての点検が可能となります。これにより、書き直しの手間が減り、限られた試験時間を効率的に使うことが可能となります。日頃からの試験勉強の中で、これらのことを意識しながら取り組んでみてください。

講評

　(1)では、提示された資料から自らの視点で適切に課題を抽出・分析することで、問題意識の高さを示す必要があります。

　今回の論文例では、各表・グラフから的確かつバランスよく課題が抽出されています。東京の特性を幅広く捉えていることに加え、国際比較の観点から各課題が取り上げられており、出題意図に沿った説得力のある記述となっ

ています。その上で、例えば、第一の「金融系外国企業の誘致」、第二の「起業の促進」では、具体例や数字を使いながら説明していくとより納得性の高い内容となります。

　(2) では、各課題に対する取り組みを論じる前に、課題の要約・分析を行います。今回の論文例では、従来の方策と今後の課題がコンパクトに記載してあり、読み手に対して取り組みの必要性が伝わる内容となっています。次に解決策の提示ですが、全体を通して、分かりやすい表現で論理的に記載できています。各段落で、「まず」「次に」「さらに」など同じ言葉が繰り返し使用されていることで、論理展開が統一され、全体として読みやすい文章となっています。具体的内容についても、東京の特性を生かせる幅広い視点(「海外」「中小企業」「多摩地域」等)が対象となっており、ICTやAI等先端技術の活用にも触れられているなど、都の施策方針に沿った現実性の高いものとなっています。解決策の提示については、本論文のように、都の立場で実現できるものを取り上げることが大切です。

　最後に、「都政もの」については、都政の多岐にわたる分野の課題について、幅広くかつタイムリーな情報を収集しながら準備を進める必要があります。通常の業務や家庭生活に加え、新型コロナウイルス感染症関係業務への対応も必要である中、試験対策を行うことは大変かもしれません。しかし、試験対策の中で身に付けた知識は都政人として大変有効なものであり、「職場もの」で受験した職員よりも業務上のアドバンテージとなる可能性もあります。ぜひ前向きに準備を進め、合格を勝ち取ってください。

第**3**章

論文攻略法

225

次の事例と資料を分析し、（1）（2）に分けて述べてください。

　A局では、都内の中小企業がICT化を進めるための助成事業を行うことになり、B事業所の業務課では、助成金申請受付・審査業務を担当することとなった。あなたは4月に主任に昇格し、局間異動でB事業所業務課助成金担当に配属となった。

　4月に入り、助成事業について本庁がプレス発表するとともに手続きの概要をHPに掲載したところ、事業者から電話での問い合わせが相次いだ。問い合わせ件数については把握できている一方、具体的な内容については問い合わせを受けた職員が記録しており、職員の中でお互いにどの担当者にどのような問い合わせが入り、どのような対応をしたかについては把握していない。新任者であるあなたとD主事は、要綱を参考に説明していたが、なかなか理解を得られずに時間を要し、全体としては遅れが生じている。また、庶務担当で休職者が出たため、E主任が庶務担当の業務を一部協力することとなり、助成金担当の超過勤務が増加している。

　4月末、P社がB事業所を訪れ、「当社が申請した設備は対象外だと言われていたが、他社では同じ設備でも対象と案内されていると聞いた。なぜ当社だけ対象外なのか」との苦情をあなたは受けた。さらに、当時対応したD主事がテレワーク中であったため確認に時間を要し、対応が遅いことについての苦情も招いてしまった。

　5月に入り、業務課長から「6月の助成金申請受付開始は目前に迫っている。事業所内で調整が必要なことがあれば相談に乗るので、円滑に受付を開始できるようにしてほしい」との指示がC課長代理とあなたにあった。

（1）設問の職場において業務を円滑に進めていく上での課題について、簡潔に述べてください。　　　　　　（300字以上500字程度）

（2）（1）で述べた課題に対して、今後、あなたはどのように課題解決に向けて取り組んでいくべきか、主任に期待される役割を踏まえ、具体的に述べてください。　　　　　　　　（1200字以上1500字程度）

資料1　B事業所の組織図

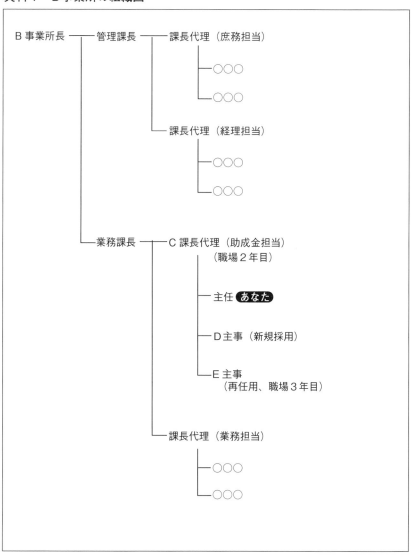

資料2　プレス発表資料

令和2年4月1日
A　局

ＩＣＴ化推進のための助成事業

東京都は、ＩＣＴ化を進める都内の企業を応援するため、助成事業を行うこととしましたのでお知らせいたします。

1　助成金の名称
　　ＩＣＴ化推進助成金

2　助成対象経費
　　新規にＩＣＴ化設備を導入する際に、その機器費と設置費用。
　　ただし、東京都が指定した設備に限ります。

3　助成率
　　ＩＣＴ化設備の種類や導入数により、助成率が変動します。
　　※導入数が多いほど、お得に導入可能です。
　　　詳細は、下記担当までお問い合わせください。

4　補助金申請受付期間
　　令和2年6月1日（月）から令和2年6月30日（火）

5　担当（※B事業所分以外は省略）
　　B事業所業務課助成金担当　（℡○○○○－○○○○）

資料3　問い合わせ数の推移（累計）

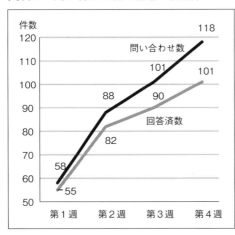

資料4　助成金担当の
　　　　週別残業時間（4月）

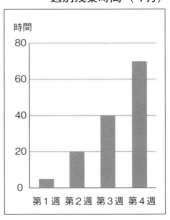

228

資料5　電話での問い合わせの内訳（各自の記録を集計したもの）

質問	合計	回答済	未回答
手続きの方法について教えてほしい	94	92	2
具体的な助成対象設備を知りたい	88	87	1
自分のところの助成金がいくらになるのか知りたい	51	38	13
導入を検討している設備が助成対象にならない理由	16	9	7
導入を検討している設備の助成率が低い理由	12	3	9
その他	11	4	7
合計	272	233	39

意見（苦情に該当するもの）	合計
即答できないのは職務怠慢ではないか	31
ＨＰに記載の内容が分かりづらい	26
言葉が難解など説明を聞いてもわかりづらい	20
指定以外のものでも良いものは助成対象にしてほしい	11
人によって案内が異なるのは困る（事例Ｐ社はこれに該当）	7
その他	10
合計	105

※1回の問い合わせで複数の質問や意見があった場合は、それらの数を件数としているので、合計は資料3と合わない。

論文例1

（1）

　設問の職場において業務を円滑に進めていく上での課題は、以下の3点である。

　第一に、職員の助成事業に対する理解が不足していることである。資料5によると、問い合わせに即答できないことや、説明が分かりにくいことについて、事業者から苦情が寄せられている。特に新任の私とD主事は、事業者から理解を得るのに時間を要している。このままでは、助成事業自体への都民の信頼が失われてしまう。

　第二に、助成金に関する事業者への周知が不十分なことである。資料5によると、手続きの概要を掲載したHPは、内容が分かりにくいとの指摘がされている。また、資料2のプレス内容では、詳細な情報提供がされていないため、問い合わせが殺到している。このままでは、事業者からの問い合わせ対応が累積し、更なる業務遅滞や超過勤務を招いてしまう。

229

第三に、担当内の連携が不足していることである。助成金担当では、事業者対応について情報共有されていない。このため、職員間で説明が異なる、対応した職員の不在時に確認が遅れる等の事態が生じている。このままでは、6月からの申請受付・審査業務を組織で一体的に遂行していくことが困難となる。

（2）

　前述の課題を解決するため、私は主任として、以下の3点に取り組む。

1　職員の助成事業に対する理解促進

　職員が業務に習熟していないことによる、問い合わせへの回答の遅れや事業者からの苦情を解消するためには、職場全体で知識とノウハウを習得する必要がある。

　そこで私は、C課長代理に相談の上、業務マニュアルを作成する。作成にあたっては、新任で対応に苦慮しているD主事のスキルアップも兼ねて、協力して取り組む。まず、問い合わせの最も多い手続き方法のフローチャートを作成する。次に、要綱をもとに助成対象を一覧化する。さらに、未回答数の多い助成金額について、設備の種類や導入数から助成率を簡易に算定できるエクセルツールを作成する。これらは、経験豊富なC課長代理とE主任に確認を依頼し、加筆修正の上、共有する。

　次に、業務マニュアルを活用した職場内研修の実施をC課長代理に提案する。研修では、事業者対応のロールプレイングを取り入れ、制度理解の正確性、説明のわかりやすさ等を客観的に確認することで、実践力向上につなげる。

　これらの取り組みにより、職員の新規業務への理解が深まり、事業者からの問い合わせに対し、迅速かつ正確に応対できるようになる。

2　事業者に対する情報発信の強化

　事務遅滞や超過勤務を縮減し、円滑に業務を進めるためには、事業者の視点に立ったわかりやすい広報により、問い合わせや苦情を減少させることが必要である。

　そこで私は、HPの改修をC課長代理に提案する。まず私は、問い合わせや苦情の具体的な内容について担当内で聞き取りを行い、改修すべき内容を精査する。結果を踏まえ、1の業務マニュアルを事業者用に編集するとともに、よくある問い合わせのQ&A集を盛り込んだ助成事業のリーフレット

を作成する。この際、言葉が難解でわかりづらいという苦情を踏まえ、表現を工夫する。作成後は、C課長代理と相談の上、業務課長から本庁にリーフレットのHP掲載を依頼してもらう。本庁の了承を得たら、私は主任として、HP担当者との調整役となり、申請受付開始の6月まで余裕がないことを説明し、速やかにHPが改修されるよう働きかける。

　これらの取り組みにより、事業者からの問い合わせや苦情が減少することで、業務遅滞や超過勤務が解消され、円滑な業務遂行が可能となる。

3　職場内の連携体制構築

　組織として新規事業を円滑に遂行するためには、助成金担当内での情報共有を徹底し、協力して業務を遂行する必要がある。

　そこで私は、事業者対応表の作成・活用により、情報を共有できる体制を構築する。対応表には受付日や問い合わせ、苦情の内容、担当者、回答欄を設け、各職員に具体的に記載するよう依頼する。作成後は共有サーバーに保存することで、進捗を可視化する。私は主任として、定期的に内容を確認し、遅れや問題を発見した際は、C課長代理に報告して対応を協議の上、自らが積極的にフォローする。

　次に、毎日10分程度の朝会実施をC課長代理に提案する。私は主任として司会進行を務め、対応表に記録された困難事例や、職員間の対応の違いを議題に挙げ、担当内で協議できるようにする。また、テレワーク等で不在にする際は、この場で事案共有と他職員への協力依頼をすることをルール化し、担当者不在時も対応に不備が生じない体制を整備する。

　これらの取り組みにより、職員間の情報共有が徹底されるとともに、相互のフォロー体制も構築されることで、円滑な業務運営につながる。

　以上3点の取り組みを通じ、私は主任として設問の職場における課題解決を実現する。

▌解説

　(1) の課題抽出では、多岐にわたる問題点を適切に洗い出し、「職員の問題」「組織の問題」「事業遂行上の問題」などバランスの取れた視点から課題を整理します。留意点としては、設問に記載の「業務を円滑に進めていく上での課題」に正面から答えるように抽出することです。

(2)の解決策の論述では、「高度な職務」や「組織運営の支援」を担うことを期待される主任の役割を踏まえ、抽出した課題に対する解決策を検討します。事例の状況を良く踏まえ、（1）で示した課題に対して効果的な取り組みとなっているか、主任として適切な行動か、課長代理との関係を含めて組織支援の観点はどうか等の視点を踏まえ、具体的な解決策を論述することが重要です。

> **講評**

　論文例では課題として、「職員の助成事業に対する理解不足」「事業者への周知が不十分」「担当内の連携不足」の３点が挙げられています。事例職場の大きな問題点としては、新規事業の開始まで時間が限定されている中、事業者に対し分かりやすい納得性の高い説明ができていないことや組織内・担当間の連携不足、新規採用職員に対するフォロー不足等が読み取れます。これに対する解決策として、「職員の事業に対する理解促進」「事業者に対する情報発信の強化」「職場内の連携体制の強化」を挙げていることは、課題との整合性が取れており納得性の高いものとなっています。以下個別に見ていきます。

　（1）では、業務を円滑に進めていく上での課題としてほぼ漏れがない内容となっていますが、第三の担当内の連携の不足については、情報共有されていない状況についてもう少し具体的に記載する必要があります。

　(2)の１では、業務マニュアルの作成のみならず、マニュアルの活用による実践力向上にも触れている点が評価できます。２では、HPの改修を担当内で意見集約に基づき実施する点や、１のマニュアルの内容も盛り込みながら実施する点から実効性の高いものになっていますが、予算面から所内管理課を巻き込む必要性を加えると更に良くなります。３では、都庁の最新の執務環境を踏まえると、情報共有の手法としてテレワーク等で不在の職員については、スカイプやオンライン会議等の実施も想定しておく必要があるでしょう。全体としては、課長代理やベテラン職員、新規採用職員を巻き込む視点が盛り込まれており、組織支援への意識の高さを感じさせる論文となっています。

論文 2—【職場もの】

　A部のB事業所は、区部東部における中小企業振興業務を行っている。あなたは助成金の受付・審査及び金融支援相談を行う事業担当の主任として、本年4月に局間交流で配属された。今年度の事業担当は、あなたのほかに担当1年目のC課長代理、担当2年目でチューターのD主任、担当3年目で局内経験が長いE主事、新規採用職員のF主事の5人で構成されている。

　A部では都内中小企業を対象に、テレワークの環境整備に係る経費を助成する助成金を設けている。昨今の社会情勢も相まって、年度当初から非常に多くの助成金申請があり、それぞれが業務に追われ、職場の雰囲気が悪化している。今年度新たに配属された職員は、審査方法を口頭で教えられたのみで、手探りの状態で審査業務を行っており、4月の事業担当の平均超過勤務時間数はB事業所内で最も多かった。

　また、事業者から提出される申請書類は、これまで書面で提出しなければならない様式があったため郵送による申請が多かったが、今年度からすべてオンラインで手続きが完了できるようになり、電子申請の利用率が増加している。それに伴い、申請方法に関する問い合わせが多く寄せられている。

　5月下旬、6月からD主任に兼務がかかり、本務を離れることになる旨、C課長代理から報告があった。その間、あなたがF主事のチューター及び金融支援相談業務も担当することとなった。

　同時期に、「都民の声」に（資料4）のような声が寄せられた。また、事業者からも「申請してから既に1カ月以上経っているが、今頃書類不備の連絡があった。どういう状況なのか」と怒りの電話があった。状況を確認したところ、F主事の業務が滞っており、早急に審査を進めなければならないことが判明した。

　これらを事業課長に報告したところ、「事業者から寄せられている声を聞き、関係各所と連携し、改善を早急に図ること。加えて、D主任が不在となるが、適切な引き継ぎとF主事の育成もしっかり行ってほしい」との指示がC課長代理とあなたにあった。

（1）設問の職場において、業務を効率的かつ円滑に進めていく上での課題について、簡潔に述べてください。　　　　（300字以上500字程度）

（2）（1）で述べた課題に対して、今後、あなたはどのように課題解決に向けて取り組んでいくべきか、主任に期待される役割を踏まえて具体的に述べてください。　　　　（1200字以上1500字以内）

資料1　Z局の組織図

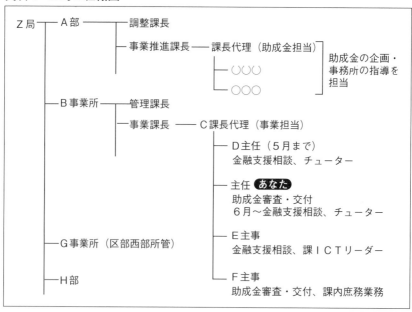

資料2　事業担当　超勤時間（4月実施）

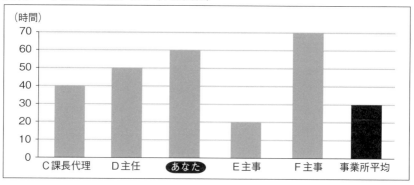

資料3　申請に必要となる
　　　　書類

	様式
支給申請書	様式第1号 （エクセル）
事業所一覧	様式第2号 （エクセル）
誓約書	様式第3号 （ワード）
実績報告書	任意様式
助成金請求書兼口 座振替依頼書	様式第4号 （ワード）
テレワーク環境構 築図	任意様式

資料4　都民の声

○助成金申請

　4月中旬に助成金申請手続きを行ったが、1カ月以上経っても何も連絡がない。手続き終了の見通しも分からない。ほかの自治体に同様の申請を行った際は2週間程度で手続きが完了していた。どういう状況になっているのだろうか。

B事業所からの説明

　この度は、ご不安を与えてしまいましたことについてお詫び申し上げます。都では申請書類を受理してから手続き完了までにかかる標準処理時間を原則60日と定めております。適切な事務処理を行うとともに、今後とも都民のみなさまへの更なるサービス向上に取り組んでまいります。

資料5　都民から寄せられた主な問い合わせ・苦情

・G事業所に申請した書類は2週間程度で可否の連絡が来たが、B事業所に申請した分は1カ月経っても連絡がない。同じ都の組織だが、なぜこれほど処理期間が異なるのか。
・どこから様式を入手すればいいのか分からない。申請書類の様式を送付してもらいたいが可能か。
・電子申請サイトに記入例がなく、どのように入力したらいいのか分からない。
・任意様式があり、どのような条件がそろっていればいいのか一目では分かりにくい。
・オンライン申請に必要なIDの取得はどのように行えばいいのか。
・電話で申請方法を問い合わせたが、要領を得ず、担当者もよく分かってないような印象を受けた。

論文例2

（1）

　設問の職場において、業務を効率的かつ円滑に進めていくためには、以下の3点の課題がある。

　第一に、業務知識の適切な継承ができていない点である。設問の職場では、新たに配属された職員に対し、口頭でのみ業務説明が行われている。結

235

果として、資料5のとおり、職員の理解不足が都民からも指摘されている状況である。D主任が不在になる中、適切に引き継ぎを行わなければ、都民の信頼を失いかねない。

　第二に、F主事のフォロー体制が整っていない点である。設問の職場では、F主事が相談しやすい環境ではなく、業務を抱え込んでいると考えられる。また、F主事の超過勤務も多く、このままでは、F主事の「ライフ・ワーク・バランス」が確保されず、健康面が懸念されることに加え、事務処理の遅延やミスの再発を招き、その結果として事業者の事業運営にも悪影響を与えかねない。

　第三に、都民への適切な広報ができていない点である。設問の職場では、資料4のとおり、処理期間についての周知が不十分で、苦情につながっている。また、資料5によると、オンライン手続きに関する問い合わせが多く寄せられており、その対応が超過勤務の一因になっていると考えられる。このままでは事業者の利便性を確保できず、適切な都民サービスが提供できない状況が改善されない。

（2）
(1)で述べた課題に対し、私は以下の3点に取り組む。

1　業務知識の適切な継承

　設問の職場では適切に業務知識を継承し、職員の業務理解を深める必要がある。

　そこで私は、業務マニュアルの作成を行う。事業担当の業務のうち、助成金業務は私とF主事が中心に作成する。私とF主事は担当経験が短いため、事業所の指導を担当するA部助成金担当と連携し、制度概要や申請の流れなどを確認しながら作成を進める。また、資料5によると、G事業所は迅速な事務処理を実現していると考えられる。そこで私はG事業所へのヒアリング等を行い、内容の精査を図る。加えて、申請の流れや書類の整え方など、申請方法に関する問い合わせが多く寄せられている。そこで、問い合わせの多い事項について、重点的にマニュアルに反映させることで、より事業者目線に立った内容にする。

　金融支援相談業務についてはC課長代理と相談の上、担当経験のあるD主任とE主事に作成を依頼する。内容は事業者等からの相談内容と対応事例を

重点的にまとめることで、D主任不在期間でも、業務が滞らないよう工夫する。また、助成金マニュアルのフォーマットを提供するなど、超過勤務が多い中でも、効率的に作業ができるよう工夫する。

これにより、多く問い合わせが寄せられる事項についての業務理解が進むとともに、事業者目線に立った対応が可能となる。

2　組織的なF主事のフォロー体制の構築

設問の職場では、職員間の情報共有の場が少なく、F主事のフォローが不足している。

そこで私はC課長代理に対し、事業担当内の朝会の実施を提案する。朝会は毎朝10分程度とし、主に業務の進捗状況や事業者から寄せられる問い合わせなどを共有する。これにより、担当全体の状況が把握でき、F主事が業務を抱え込まないようにする。

また、私はF主事のチューターとして、毎週金曜日にF主事との個別の情報交換の場を設ける。ここでは業務上の懸念のほか、職場外の悩みなども情報交換できる場とし、F主事が相談しやすい環境を作る。また、併せてF主事の業務状況を的確に把握し、業務の滞りの原因を一緒に解決することで、F主事のスキルアップを図る。

以上により、F主事を組織的にフォローできる体制を構築する。

3　都民への適切な広報

設問の職場では、都民に対し、適切な広報を行う必要がある。

そこで私はC課長代理と協力しながら、A部助成金担当やG事業所と連携し、電子申請に関する広報をHP等で行うことを提案する。

広報内容は、資料5のとおり多く問い合わせが寄せられている事項について、重点的に広報する。例えば、申請書類の様式の所在や記入例、任意様式の記入例、申請フロー図等の内容を重点的にまとめ、HPの目立つ部分に掲載する。また、処理に要する期間を適切に周知するとともに、よくある問い合わせを一覧にしてまとめることで、都民に分かりやすい内容にする。これにより、都民サービスの改善を図るとともに、問い合わせの減少に伴い、超過勤務の減少も期待できる。

また、広報の際はG事業所と連携し、組織として統一的な広報を心がける。資料5によると、事業所の対応の差について指摘されているため、G事業所と連携することで、統一的な都民対応を実現する。

第3章

論文攻略法

以上の取り組みにより、私は主任として、組織横断的な視点を持ちながら、担当内外と連携し、効率的かつ円滑な業務遂行を実現する。

解説

主任論文は、（1）本文及び資料で設定されている事例の職場における課題を的確に抽出しているか、（2）抽出した課題について、主任としての役割を認識しつつ、自分なりの問題意識から具体的かつ効果的な解決策が論じられているか、が採点の大きなポイントになります。

また、内容もさることながら、読みやすさ（スラスラ読める）というのが、論文全体の印象を決める上で非常に大事です。1文が長くなりすぎたり、難解な表現を多用しないなど、注意する必要があります。

講評

（1）課題設定については、的確に捉えています。

（2）解決策の中身も全体としてうまくまとめています。例えば、マニュアルも単に作るのではなく、新採職員を関わらせることで人材育成の視点も織り込んでいる点や他事業所と連携して対応することなどは、主事より一段高い主任の役割を理解した解決策となっており良いです。

課長からは、（1）早急な事態の改善、(2)D主任不在時の適切な引き継ぎ、（3）F主事の育成の3点を明確に指示されています。（1）については、まず課長代理と相談し、滞っている審査業務を各担当に再配分してもらい集中的に処理（応急処置）した上で、マニュアル作成や広報のような取り組みを行うことなどを展開すると、課題により的確に応えた形になります。

また、昨今のDXの流れを酌んで、都民からの問い合わせ対応のためのチャットボットの導入を本庁に働きかけることなども一つの解決策としてアリかもしれません。

論文 3―【職場もの】

　A局B事業所では、税の賦課徴収に関する業務を行っている。あなたは、本年４月に事業所の徴収課の徴収担当に配属された。

　今年度は、あなたの他に４月から配属のC課長代理（徴収担当）、担当３年目のD主事、担当２年目のE主事が徴収担当となっている。D主事はA局で複数の事業所を経験しているベテラン職員である。

　A局では年度当初から、新型コロナウイルス感染症の影響により納税

資料１　A局B事業所の組織図

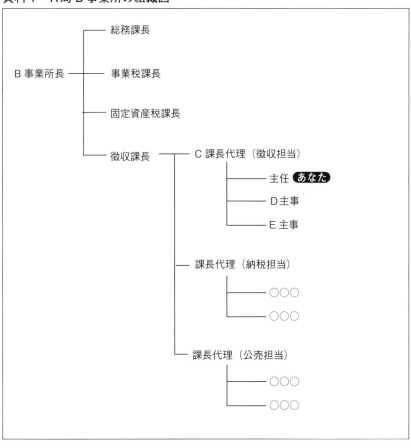

が困難な都民に対する納税猶予を新たに行うことになった。B事業所で
は徴収担当が手続きの所管窓口となり、事業所内の調整や都民への周
知、申請対応等に追われている。

　そんな中、他局が実施している新型コロナウイルス感染症対策事業の
業務協力のため、徴収担当のE主事が急きょ5月12日から長期的に他
局へ派遣されることになり、E主事が担当していた申請対応業務は、同
じ業務を担っていたD主事が中心となり、C課長代理とあなたも分担し
て行うこととなった。一方、納税猶予に関する問い合わせや申請件数は
日ごとに増大しており、徴収担当の業務量も膨らんでいた。あなたはC
課長代理とともに不慣れな中でも、D主事のこれまでのノウハウを生か
しながら業務にあたっていたが、次第に超過勤務が増え始めるととも
に、都民の問い合わせ対応にも時間を要するようになってきた。

　6月3日、D主事が郵送で受け付けた申請書類を紛失してしまう事故
が発生した。申請書類はすぐに職場内で見つかったが、重大な事故とし
てC課長代理が徴収課長から厳しく指導を受けることとなった。しかし
ながら、D主事は、これまでの業務量の増加に不満を募らせており、書
類紛失を踏まえた防止策の検討に意欲が見られない。

　その後、C課長代理とあなたは課長に呼ばれ、「今回のようなことが
二度と起こらないよう、業務改善に取り組んでほしい」との指示があっ
た。

(1) 設問の職場において、業務上のミスをなくし、円滑に業務を進めて
　いく上での課題について、簡単に述べてください。

（300字以上500字程度）

(2) (1)で述べた課題に対して、今後、あなたはどのように課題解決
　に向けて取り組んでいくべきか、主任に期待される役割を踏まえ、具
　体的に述べてください。　　　　　　（1200字以上1500字程度）

資料2　納税猶予制度の事務フロー図

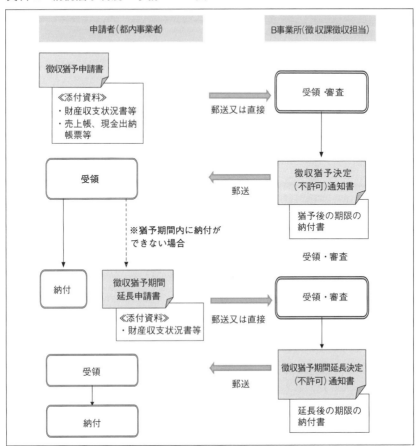

資料3

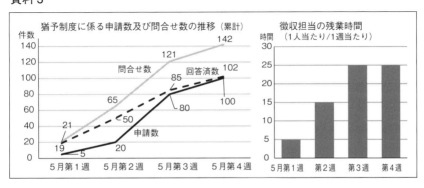

（1）

　事例の職場において、業務を円滑に進めていく上での課題は、以下の３点である。

　第一に、納税猶予制度に対する都民の理解促進である。資料３によれば、制度に係る申請・問い合わせ数ともに増加傾向にある中、未回答件数が累積している。今後も問い合わせ数が増加し続ければ、職員が対応に追われ、円滑な業務遂行が困難となる恐れがある。

　第二に、業務環境の変化に伴う組織内の機動的な対応である。

　Ｅ主事の他局派遣後は、徴収担当は３名体制となり、資料４によれば、職員１人当たりの残業時間は派遣前と比較して激増している。新型コロナウイルス感染症に伴う他局業務への職員のシフトを踏まえ、事業所内でも柔軟な体制を構築していかなければ、徴収担当の業務全般に支障が生じる恐れがある。

　第三に、申請事務フローの改善である。郵送で受け付けた書類紛失事故が発生しているが、当事者のＤ主事は現状の業務に不満を抱いており、自らの主体的な防止策検討は期待できない。このままでは、必要な見直しが行われず、同様の事故発生を招いてしまい、税の賦課徴収業務に対する都民からの信頼を失う恐れがある。

（2）

　私は事例職場が抱える（1）の課題を解決するため、主任として、以下の三点に取り組む。

1　都民向けの情報発信の充実

　納税猶予制度について、都民の理解を促進するためには、情報発信を更に工夫していく必要がある。

　そこでまず、ＨＰの内容の改善に取り組む。問い合わせ数の抑制を図るため、これまでＢ事業所で受け付けた問い合わせ内容を分析し、頻度や内容から重要度の高い項目の絞り込みを行い、Ｑ＆Ａ集を作成する。作成後は担当内のみならず、徴収担当・納税担当にも内容確認を依頼することで、徴収業務全体で見て整合が取れる内容となるよう工夫する。Ｑ＆Ａ集のＨＰ掲載後

は、日々の問い合わせ内容を基に随時更新を行い、都民が把握したい内容に的確に応えられるものとしていく。

さらに、納税猶予制度に係るオンライン説明会の開催を提案する。対象となる都民の都合にも配慮し、平日・休日に実施するほか、説明会の実施予定日時をHPに掲載し、情報アクセスの利便性向上にも努める。開催後、特に関心の高かった内容はQ&A集に反映し、更なる制度の理解促進を図る。

これらの取り組みによって、納税猶予制度に対する都民の疑問が解消され、問い合わせ件数が抑制されることで、業務を円滑に進めることが可能になる。

2　問い合わせに対する組織内の機動的な対応

徴収担当の負担を緩和し、組織として着実に業務を遂行していくためには、担当を超えた問い合わせ体制を早急に構築する必要がある。

そこで、所内の協力体制の構築に取り組む。まず、事前準備として、所内会議の開催を提案する。課長代理とともに徴収課長に対して、納税猶予業務の円滑な実施に向けた課の垣根を超えた問い合わせ体制構築の必要性を説明し、了承を得る。会議で説明する際には、各課各担当の業務状況を踏まえた役割分担とするなど、関係者に理解を得られるように留意する。私は事業所内調整を担当する主任として、会議の運営を主導する。

次に、HP上での問い合わせフォーム設置・活用を提案する。期間は、納税猶予制度終了までとし、フォームに寄せられた問い合わせへの回答を所内の各担当で分担する運用とする。回答に当たっては、前述のQ&A集を活用し、判断が難しいものは徴収担当に確認することで、レスポンス向上と内容の正確性の両面を意識した回答作成を行う。

これらの取り組みによって、所全体で組織的な問い合わせ対応が可能となり、円滑な業務運営が実現できる。

3　申請受付事務フローの改善

申請受付における事故を防止し、効率的な事務フローを実現するためには、書類受付方法の見直しが必要である。

そこでまず、書類受領時の確認徹底を図る。具体的には、受付日付・事業者名・受付担当者名を入力する受付処理簿をExcelで作成し、情報共有サーバーに格納後、各担当者が随時記録する運用とする。その際、内容の正確性を担保するため、2次確認者を設定することとし、D主事については私が担

当する。

　次に、延長申請書の電子データによる受付を提案する。徴収猶予申請書とは異なり、帳票類の添付は必要ないため、電子メールによる受付を原則とし、申請書類紛失リスクの低減を図る。

　さらに、継続的な業務改善を図るため、課内での書類ファイリング研修を企画する。私は、本庁から関係資料の収集を行うほか、日程調整や司会等を担当する。研修では、実際に問題となった事例を元に議論を行い、現状の各自の業務について、改善の余地がないか忌憚なく意見交換を行うことで、研修の場が振り返りの機会となるように工夫する。

　これらの取り組みにより、事故の再発防止のみならず、職員が業務改善に向け、高い意識を持ち続ける環境を整えることができる。

　以上、三点の取り組みを私は主任として精力的に行い、業務上のミスのない円滑な業務遂行の実現に努める。

▌解説

　平成29年度の出題形式見直し以降、より詳細な事例が設定されています。問題文や資料から職場の状況を読み取り、課題を的確に抽出する高い「問題意識」や、具体的かつ効果的な解決策を論理的に展開する「問題解決力」が問われます。

▌講評

　論文例では課題として、「納税猶予制度に対する都民の理解促進」「業務環境の変化に伴う組織内の機動的な対応」「申請事務フローの改善」の3点が挙げられています。事例職場では、他局の新型コロナウイルス業務への所属職員の協力が求められる中、新たな納税猶予対応により、残る職員の負担が増加するとともに、都民対応も非効率的になり、結果、書類紛失事故が発生してしまっています。職員が1名減となる中、都民からの申請・問い合わせに円滑に対応できていないことや、組織内の連携不足、業務量増加に対する所属職員の不満等が読み取れます。これに対する解決策として、「都民向けの情報発信の充実」「問い合わせに対する組織内の機動的な対応」「申請受付

事務フローの改善」を挙げていることは課題との整合が取れており、納得性の高いものとなっています。以下個別に見ていきます。

　（1）では、業務上のミスをなくし、円滑に進めていく上での課題としてほぼ漏れがない内容となっていますが、第一の「未回答件数の累積」と第二の「残業時間の激増」については、資料から読み取れる数字を使いながら時点比較をすると、より状況が明確になります。

　（2）の1では、Q＆A集のHP掲載のみならず、都民に対する制度のオンライン説明会の実施にも触れている点が評価できます。2では所内の連携体制を構築し、都民に対する回答の効率化や統一化を図るため、HP上の問い合わせフォームの設置や、1で述べているQ＆A集の活用に触れており、実効性の高いものになっていますが、協力を得る所内職員への説明の機会にも触れると更に良くなります。3では書類受領時の確認徹底、担当内でのダブルチェックについて触れられており、再発防止を意識した内容となっております。全体としては、事例に則した独自の方策が挙げられており、組織支援への意識の高さを感じさせる論文となっています。

第3章　論文攻略法

245

東京都主任試験ハンドブック 第32版

定価：本体2500円＋税

2022年6月5日　初版発行

編集人―――――㈱都政新報社　出版部
発行人―――――吉田　実
発行所―――――㈱都政新報社
　　　　　　　〒160-0023　東京都新宿区西新宿7-23-1　ＴＳビル
　　　　　　　電話03-5330-8788　　　　FAX 03-5330-8904
　　　　　　　振替00130-2-101470
　　　　　　　http://www.toseishimpo.co.jp/
デザイン―――――荒瀬光治（あむ）
印刷・製本――――藤原印刷株式会社

ISBN978-4-88614-273-3 C2030
Ⓒ2022 TOSEISHIMPOSHA
Printed　in Japan
乱丁・落丁本はお取り替えします。